made by cocolilly

세상에 하나뿐인

나만의
손뜨개 가방과 소품

made by cocolilly

세상에 하나뿐인
나만의 손뜨개 가방과 소품

정영경(코코릴리) 지음

BM (주)도서출판 성안당

제가 뜨개를 시작한 건 중학교 때였어요. 나이 차이가 많이 나는 언니들과 어머니가 뜨개를 즐겨 했었고, 어렸을 때는 어머니께서 만들어 주신 뜨개 옷을 많이 입었어요. 저도 어깨 너머로 배워 머플러, 인형 옷 뜨기를 시작했지요. 잘 다니던 방송국 미술팀에 사표를 내고 전문 손뜨개 수업을 수료하면서 운이 좋게 손뜨개 회사에 들어가게 되었답니다. 시각 디자인을 전공해서인지 손뜨개 작품을 만드는 데 색감이나 미술적인 감각이 도움이 많이 된 것 같아요. 전공을 살려 다른 작가님들의 손뜨개 일러스트 작업과 검수 일도 시작하게 되었고요. 이렇게 뜨개를 전문적인 직업으로 한 지 벌써 20년이 되었답니다. 지금은 작은 공방도 운영하면서 이 책을 쓰게 되었네요.

손뜨개 하면 겨울이 생각나죠? 아마 뜨개실의 따뜻한 느낌 때문이겠죠. 요즘은 뜨개 하는 연령대도 낮아져서 10대, 20대 분들도 많이 시작하는 것 같아요. 그러다 보니 손쉽게, 빠르게 완성할 수 있는 아이템들을 선호하는 거 같고요. 몇 년 전부터 손뜨개 가방이나 소품류 뜨개에 대한 관심이 크게 늘어난 것 같아요. 이제 뜨개는 겨울 동안의 취미가 아닌 사계절 모두 즐길 수 있는 취미가 됐다고 해도 과언이 아니에요.

이 책에서는 기본 뜨기로만 만들 수 있는 클러치와 가방, 반복 응용 무늬를 이용한 가방, 같은 도안으로 실만 바꾸어 다른 계절 느낌을 낼 수 있는 가방, 대바늘·코바늘 기법만 바꾸어 만드는 배색 뜨기법 등 여러 가지 방법으로 만들 수 있는 가방들을 소개합니다. 이 외에 아이를 위한 소품, 자투리 실을 이용한 헤어 슈슈, 원형 늘림 기법으로 만들 수 있는 모자도 다양한 디자인으로 몇 가지 담았어요. 이 책을 통해서 독자 분들이 재미있게 뜨개의 세계로 빠져들기를 바라봅니다.

이 책을 만드는 동안 항상 바쁜 엄마를 응원해 준 아이들과 가족들, 작품을 뜨는 데 도움을 준 고은아 선생님, 스튜디오까지 오셔서 도와주신 공은경 선생님, 언제나 응원을 해 주시는 정숙자 선생님, 그 외 많은 선생님들과 공방 제자님들, 예쁜 사진을 찍어주신 도영찬 실장님, 너무 아름다우셨던 신소현 모델님, 책을 낼 수 있게 해주신 조혜란 부장님, 이 책의 처음부터 끝까지 함께한 김해영 차장님, 그 외 출판사 관계자분들, 그리고 이 책을 선택해 주신 독자분들께 감사의 말씀드립니다.

Lesson 2

대바늘 기법으로 만든 가방

Lesson 3

같은 도안을 활용한
여름용·겨울용 가방

키즈 크로스백 & 과일 시리즈 열쇠고리

아기자기한 과일 장식이 달린 아동용 가방이에요.
어른도 탐낼 만한 상큼한 비주얼이 시선을 사로잡아요.

P.062

 니트 헤어 슈슈

청순한 분위기를 연출해주는 헤어 슈슈입니다.
쓰고 남은 실로 근사한 헤어 액세서리를 만들어 보세요.
울실로 만들면 겨울 느낌으로, 면사로 만들면 여름 느낌을 낼 수 있어요.

P.067

스마일 원형백

스마일 수를 넣어 보기만 해도 기분이
좋아지는 가방이에요.
아이와 커플 가방으로 연출해 보세요.

P.070

 **선글라스 케이스**

선글라스에 예쁜 옷을 입혀주세요.
가볍고 시원한 알로하 실로 만들어 휴대하기 간편하고,
깜찍한 태슬 장식 포인트가 시선을 끌어요.

P.076

광목 파우치에 뜨개 옷 입히기

밋밋한 파우치를 변신시켜줄 뜨개옷을 만들어 볼까요.
나만의 컬러 옷을 입은 파우치가 가방 안을 환하게 만들어 줄 거예요.

P.080

교차무늬 버킷햇

꾸미기 귀찮은 날….
얼굴을 가려줄 모자도 아무거나 쓰지 마세요.
소녀다움 물씬 풍기는 버킷햇을
직접 만들어 보는 건 어떨까요?
P.084

알로하 심플 보닛햇

여름 휴가지에서 이런 모자 하나쯤 필수이지요?
넓은 챙이 있어 뜨거운 햇볕도 두렵지 않아요.
과하지 않은 심플하고 편안한 디자인의 보닛햇을 직접 만들어 보세요.
P.090

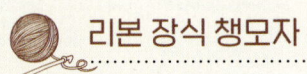 **리본 장식 챙모자**

엄마와 아이가 함께 쓸 수 있는 커플 챙모자예요.
어른도 아이도 좋아할 사랑스러운 리본 장식과 헤링본 배색이 포인트!
P.098

알로하 빅백

나들이용으로 제격인 빅백을
나만의 스타일로 만들어 보는 건 어떨까요?
취향대로 배색을 넣어,
심플하지만 어디에도 없는 하나뿐인 가방이 될 거예요.

P.106

다이아몬드 무늬 네트백

여름용 데일리 백으로 네트백만 한 것이 없죠?
바스락거리는 느낌이 시원하고
가벼워 실용적인데다가 만들기도 쉬운 가방입니다.

P.110

내 맘대로 3색 마켓백

이렇게 예쁜 장바구니 본 적 있나요?
이제부터 장 볼 땐 비닐봉지 대신
알록달록 상큼한 마켓백을 꼭 챙기세요~

P.114

원형 네트백

버킷 형태의 네트백이에요.
세련된 겉모습에 넉넉한 수납력까지!
훌륭한 디자인의 가방이랍니다.

P.118

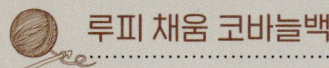

루피 채움 코바늘백

뜨개 초보자들도 쉽게 만들 수 있는 가방이에요.
심플한 디자인이지만 태슬을 달아 단조로움을 피했어요.
정장에도, 캐주얼한 복장에도 잘 어울린답니다!

P.122

 겹짧은뜨기 쇼퍼백

핸들의 스타일에 따라
다양하게 변신이 가능한 가방이에요.
평소엔 편안한 토트백으로,
때로는 우아한 숄더백으로.
취향에 맞게 만들어 보세요.
P.126

투웨이 그래니 스퀘어백

물감이 번진 듯 여리여리한 모습의 가방이에요.
그러데이션 실 하나만으로도 이렇게 멋진 가방을 만들 수 있답니다!

P.130

크로스형 모칠라백 & 토트백형 모칠라백

콜롬비아에서 만든 백으로 유명한 모칠라백.
화려한 패턴의 에스닉한 느낌이 한여름 코디에 잘 어울릴 뿐만 아니라,
심플한 겨울 코트에 툭 걸쳐도 포인트가 되는 사계절 만능 아이템입니다.
P.134, P.140

비비드 컬러 클러치백 & 알록달록 뜨개 스트랩

비비드한 색감으로 시선을 끄는 클러치백이에요.
네임택 같은 참을 달아주거나, 끈을 연결해
간단한 외출용 크로스백으로 연출해 보세요.

그러데이션 플리츠 가방

올록볼록 주름이 잡힌 멋스러운 가방입니다.
어떤 코디에도 가볍게 툭 들면
세련된 느낌을 풍기는 매력이 있어요.
비즈 장식으로 포인트를 주었어요.

P.152

 가터뜨기 배색 숄더백

트위드 실을 사용해 따뜻하고 빈티지한 느낌이 물씬 풍기는 가방입니다.
끈 길이가 적당해 한겨울 두꺼운 외투에도 걸치기 좋아요.
트위드 배색 가방은 고급스러움이 돋보이고,
레인보우 밍크 가방은 복슬복슬 따뜻해 보여요.

P.156

이랑뜨기 이지백

동글동글 귀여운 모양의 가방이에요.
쁘띠 스카프 또는 태슬을 달아
고급스러움을 더해주거나, 폼폼 참을
달아 아기자기함을 표현해주세요.

P.162

마크라메 케이크 투웨이 네트백

볼 하나로 완성 가능한 네트백!
끈 조절을 하면 두 가지 가방으로 변신이 가능해요.
여름실과 겨울실 사용에 따라
계절별로 느낌이 다르답니다.

P.166

 **호피무늬 클러치**
....

부담스럽게 느껴지던 호피무늬의 사랑스러운 변신!
평범한 코디에 화사한 포인트가 되어줄 반전 매력의 클러치를 만들어 보세요.
P.172

Lesson **0** 기본레슨

일러두기

1. 사이즈 맞추기

일반적으로 의류를 만들 때는 직접 손으로 사용할 실과 바늘을 사용해 게이지를 내고 시작을 하지만, 코바늘로 만드는 가방이나 모자의 경우 굳이 게이지를 낼 필요는 없답니다. 코를 더 잡고, 단을 더 떠주어 사이즈를 맞추면 되니까요.

그러나 책 속의 도안처럼 사이즈를 맞추고 싶다면 바늘을 바꿔서 조절해 주면 돼요. 도안의 사이즈보다 크게 나오면 기준 바늘보다 한 사이즈 작은 바늘로, 사이즈가 작게 나오면 기준 바늘보다 한 사이즈 큰 바늘을 사용해 주세요.

2. 소품용 실 고르기

예전에 비해 요즘은 소품용 실이 다양하게 나오고 있습니다. 종이실, 비닐 소재의 실, 테이프얀, 패브릭얀, 팬시얀 등이 있죠. 원하는 스타일의 가방이나 용도에 따라 선택을 하면 됩니다.

단시간에 작품을 만들고 싶으면 굵은 느낌의 패브릭얀을, 패셔너블한 느낌을 살리고 싶으면 팬시얀이나 그러데이션 실을 사용합니다. 정갈하고 단정한 느낌을 원한다면 얇은 면사나 의류용 혼방사를, 단단한 형태에 가벼운 작품을 원한다면 종이 실, 비닐 소재의 레이온 실을 선택합니다.

3. 바늘 알아보기

코바늘의 종류도 다양한데요. 양쪽으로 사용할 수 있는 코바늘, 실리콘 손잡이가 달려 있는 바늘, 플라스틱 바늘 등 여러 형태의 바늘이 있으며, 본인의 손에 잘 맞는 쓰기 좋은 바늘을 선택하면 됩니다.

주로 일본 수입 브랜드인 튜울립, 클로바 코바늘을 많이 사용하며, 소품용으로는 일반적으로 모사용 코바늘 3/0호나 5/0호를 사용합니다. 실의 굵기에 따라 모사용 6/0~10/0호를 사용하고, 패브릭얀처럼 굵은 실의 경우에는 6㎜ 이상의 코바늘을 사용하기도 합니다. 이 책에서는 주로 5/0호~8/0호의 바늘을 사용했어요

1) 모사용 바늘

	호수	m/m	실
	10/0호	6.0mm	초극태사 1겹, 태사 2~3겹
	8/0호	5.0mm	초극태사 1겹, 태사 2겹
	7/0호	4.0mm	초극태사 1겹, 극태사 1겹
	6/0호	3.5mm	극태사 1겹
	5/0호	3.0mm	극태사 1겹
	4/0호	2.5mm	병태사 1겹, 극세사 3겹
	3/0호	2.3mm	병태사 1겹, 중세사 1겹, 극세사 2~3겹
	2/0호	2.0mm	중세사 1겹, 극세사 2겹

	호수	m/m	실
	0호	1.75mm	합세사 1겹
	2호	1.50mm	극세사 1겹(여름용)
	4호	1.25mm	레이스사
	6호	1.00mm	레이스사
	8호	0.90mm	레이스사
	10호	0.75mm	레이스사
	12호	0.60mm	레이스사

4. 가방 안감 제작하는 곳·기본 도구와 부자재 구매처

부드러운 소재를 사용한 가방의 경우 무게감으로 인해 늘어지는 것을 보완하기 위해 안감을 넣어주기도 하는데요. 저는 전문적으로 안감 제작을 하는 곳에 맡겨서 완성합니다. 동대문종합시장 지하상가에 안감 제작을 해주는 상점이 여러 곳 있으며, 제가 주로 이용하는 곳은 '소이 홈뜨개(종합상가 D동 지층-33호)'입니다.

기본 도구와 부자재 구매처는 제가 운영하고 있는 스토어 'made by 코코릴리(https://smartstore.naver.com/knit-cocolilly)'에서 구매 가능하며 인터넷 손뜨개 쇼핑몰에서도 쉽게 구매할 수 있습니다. 대표적인 쇼핑몰은 니뜨, 니트빌리지, 레스트 하비, 앵콜스 뜨개실, 니트스마일 등 입니다.

직접 보고 구매하기를 원한다면 동대문 지하상가에서 구매하는 것을 추천합니다.

- 니뜨: www.knitt.co.kr
- 니트빌리지: https://knitvillage.com/
- 레스트 하비: https://smartstore.naver.com/rest_hobby
- 앵콜스 뜨개실: https://ancalls.com/
- 니트스마일(니트채널): https://smartstore.naver.com/knitsmile

기본 도구

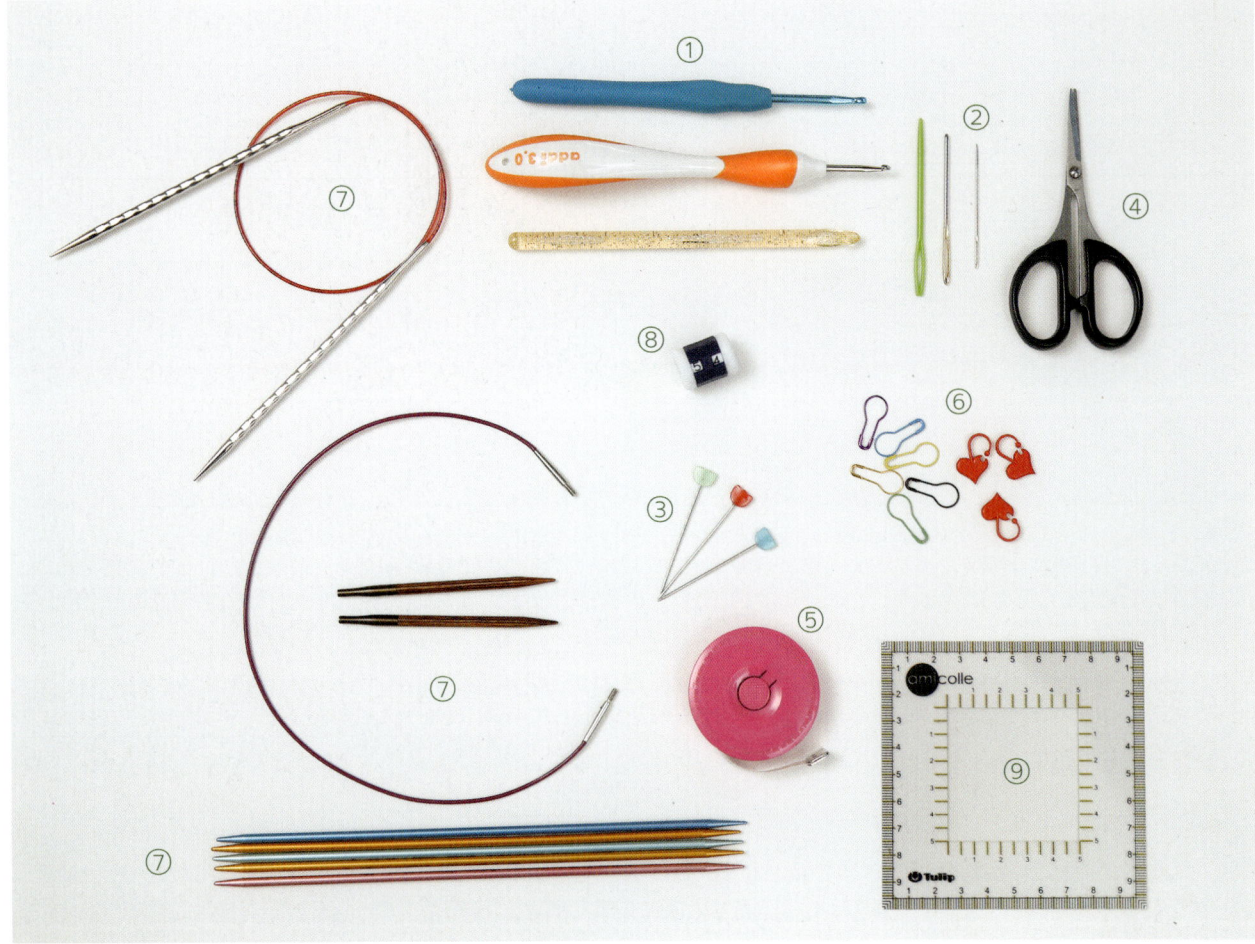

① 모사용 코바늘   코바늘에는 레이스용 코바늘과 모사용 코바늘 두 종류가 있습니다. 소품을 뜰 때는 주로 모사용 5/0호 이상
의 바늘을 많이 사용합니다. 손잡이의 모양에 따라 손에 편한 바늘을 선택하면 됩니다.

② 돗바늘   뜨개 조직을 꿰매어 연결하거나 마무리 실 끝을 정리할 때 사용합니다. 가는 돗바늘은 핸들과 부자재를 꿰맬
때 사용합니다. 실의 굵기에 따라 바늘의 크기를 선택합니다.

③ 시침핀   뜨개 조직을 연결할 때 위치를 표시하고, 고정하기 위해 사용합니다.

④ 가위   실을 자를 때 사용합니다.

⑤ 줄자   작품의 사이즈를 잴 때 사용합니다.

⑥ 마커   늘림의 위치를 표시하거나 시작과 끝 위치를 표시, 코를 나누어 표시할 때 사용하면 편리합니다.

⑦ 대바늘   대바늘에는 줄바늘과 막대바늘이 있는데, 기호나 필요에 따라 선택해서 사용합니다. 조립식 바늘은 작품의
사이즈에 따라 줄 길이를 바꿔서 사용이 가능합니다.

⑧ 단수 표시기   단을 뜰 때마다 숫자를 기억하도록 표시하는 도구입니다.

⑨ 게이지자   가로, 세로 10cm 안에 들어가는 콧수와 단수를 체크할 때 사용합니다.

부자재

① 핸들	플라스틱, 우드, 스틸, 웨이빙 끈 등 여러 가지 재료로 만든 다양한 핸들이 있습니다. 완성된 가방에 어울리는 핸들을 매치해서 사용합니다.
② O링	스트랩을 떠서 가방에 연결할 때도 사용하고, 태슬을 만들어 가방에 달아줄 때도 사용합니다.
③ D링	가방 양 끝에 달아 스트랩을 연결할 때 사용합니다.
④ 원형 가죽 여밈 단추	가방 안쪽에 달아 잠금 장치로 사용합니다.
⑤ 장식용 키링	가죽 태슬, 스카프 장식, 인조 퍼 방울 등이 있으며, 만들어 놓은 가방에 어울리는 장식으로 달아줍니다.
⑥ 가죽 바닥	가죽 바닥을 사용하면 밑면이 단단해서 가방이 처지지 않아요. 타원형, 원형 등 용도에 따라 선택해서 사용하면 됩니다.
⑦ 핸들 연결 링·고리	뜨개로 만든 끈이나 웨이빙 끈 등을 만들어 연결할 때 사용합니다.
⑧ 우드링	가방 여밈 장식, 핸들 연결 장식 등 뜨실로 감싸서 사용하기도 하고 용도에 따라 다양하게 사용 가능합니다.
⑨ 가죽 핸들 싸개	뜨개로 끈을 만들 경우 손이 닿는 부분이나 어깨가 닿는 부분에 보풀이 생기거나 닳을 수 있어요. 핸들을 오래 사용하기 위해서 마찰이 심한 곳에 감싸서 사용합니다.

실 종류

① 종이실·한지실   가볍고 시원한 소재라 여름 가방이나 소품을 만들 때 잘 어울리는 실입니다. 단색과 나염색이 있어서 별다른 무늬 없이 짧은뜨기만으로도 예쁜 가방을 만들 수 있습니다.

② 레이온실   비닐 느낌의 실입니다. 강도가 강하고 매끄러워 모자나 가방을 뜨기 좋습니다. 바스락거리는 느낌이 있고, 약간의 광택이 있어 고급스럽습니다.

③ 천연식물 섬유실   바나나 나무과의 천연식물 섬유와 면(cotton) 혼방으로 만든 실입니다. 레이온실과 달리 바스락거리지 않고 부드러운 느낌이 있습니다. 습기에 강한 실입니다.

④ 페브릭얀(코드사)   20수 코마사를 스트링 형태로 짜서 만든 실입니다. 짜임이 있다 보니 무게감이 있습니다. 대신 실이 굵어 2~3시간이면 클러치 하나가 완성됩니다. 단색, 그러데이션 색이 있습니다.

⑤ 면사   100% 면사로 소품과 의류 등을 만들 수 있는 실입니다. 색상이 다양하며 광택 처리가 되어 고급스럽고 세탁 후에 더 부드러워집니다.

⑥ 테이프사   100% 면사이며 테이프 형태로 짜여진 실입니다. 그러데이션 색상이 다양하여 작품을 예쁘게 표현할 수 있습니다. 이 책에서는 모칠라 가방을 뜨는 데 사용되었습니다.

⑦ 팬시얀   페이크퍼, 반짝이가 포함된 실을 팬시얀이라고 부르며 의류, 소품 등을 만들 수 있습니다. 일반적인 실보다 패셔너블한 느낌을 더 살릴 수 있습니다.

⑧ 트위드얀   실에 작은 색색의 네프가 달려 있는 실입니다. 기본 뜨기만으로 만들어도 멋스럽습니다. 주로 의류를 뜨는 실이지만 이 책에서는 가방으로 만들어 보았습니다.

⑨ 램스울   어린 양의 털로 만든 실입니다. 세탁을 하면 할수록 부드러워지는 특징이 있습니다. 보카시 색상이 빈티지스러워서 어떤 소품을 떠도 예쁩니다. 물론 의류를 떠도 멋스럽습니다.

⑩ 알파카 혼방사   알파카와 나일론 혼방사로 기모감이 있는 실입니다. 주로 의류를 뜨는 실이지만, 기모감의 느낌과 톤 다운된 색상이 좋아 가방 만들기에 사용해 보았습니다. 이 책에서는 호피무늬 클러치에 사용되었습니다.

코바늘 뜨개 기법

◆ **원형 코잡기** ◆

1 두 번 돌려 원형으로 만든 실 끝을 엄지손가락과 집게손가락에 감아 쥔다.

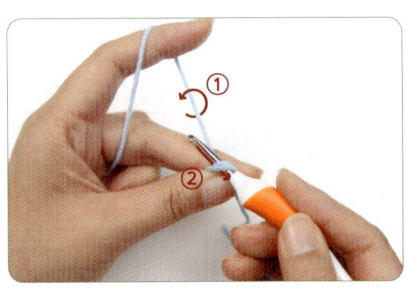

2 구멍으로 바늘을 넣어 실을 감아 걸고 화살표 방향으로 빼낸다.

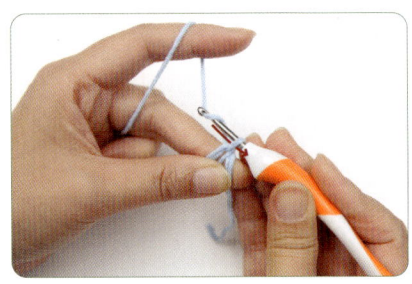

3 다시 실을 감아 화살표 방향으로 빼낸다.

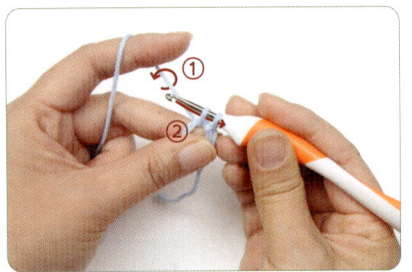

4 2~3번 과정과 같이 바늘에 실을 감아 화살표 방향으로 빼낸다.

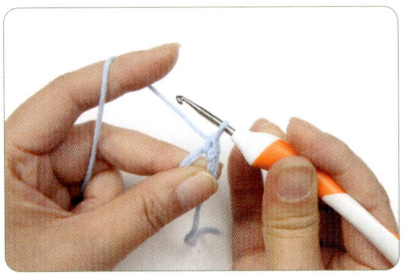

5 실을 빼낸 모습. 4번 과정을 반복해서 원하는 콧수만큼 뜬다.

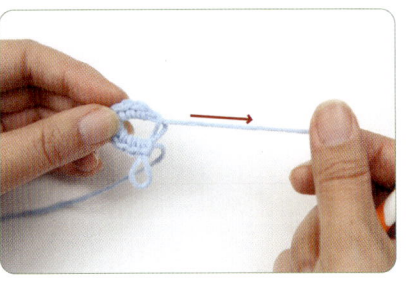

6 원하는 콧수만큼 뜬 후 바깥쪽 실 끝을 한번 잡아당긴다.

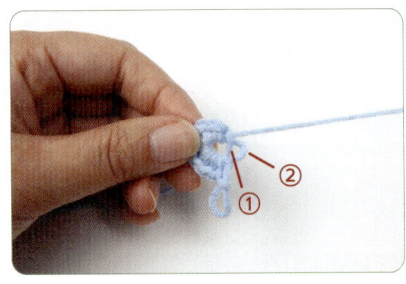

7 바깥쪽 실을 잡아당기면 중앙의 원 부분이 좁아지면서 ①번 실이 당겨진다. 당겨진 ①번 실을 잡아 빼서 당겨준다.

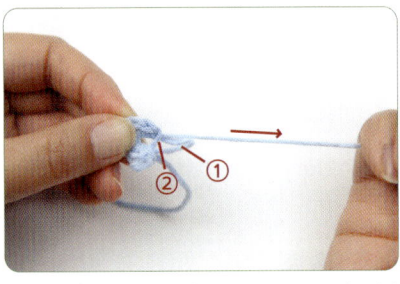

8 ①번을 당겨주면 ②번 실이 줄어든다. 다시 실 끝 쪽을 화살표 방향으로 잡아 당겨준다.

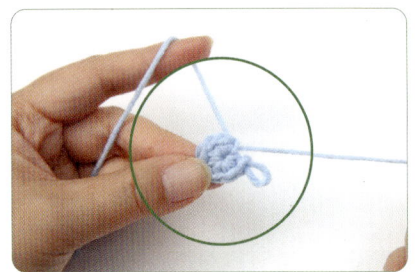

9 중앙의 원이 모두 줄어들어 완성된 모습.

48

◆ 사슬뜨기 ◆

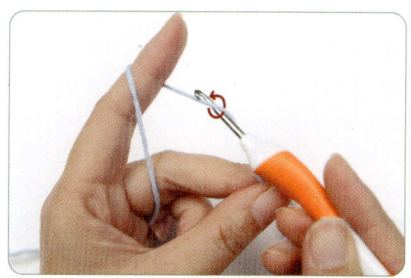

1   바늘을 화살표 방향으로 360도 돌리면 바늘에 실이 감긴다.

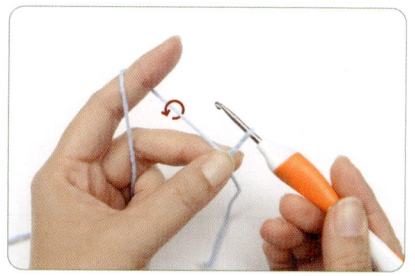

2   코가 풀리지 않게 엄지와 중지를 사용해 실을 잡아준 후 화살표 방향으로 실을 감는다.

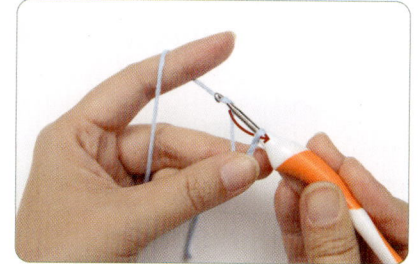

3   화살표 방향으로 실을 걸어 빼낸다.

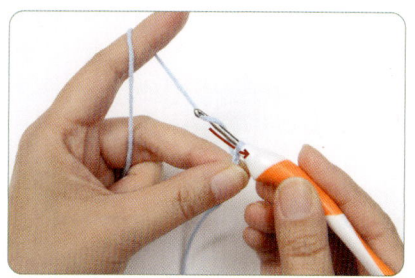

4   3번 과정과 같은 방법으로 실을 걸어 화살표 방향으로 빼낸다.

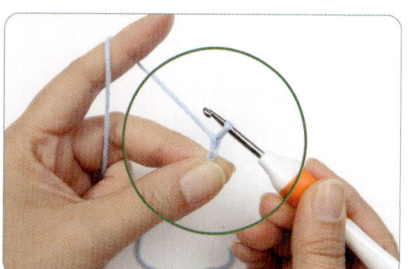

5   1코가 완성된 모습.

6   원하는 콧수만큼 3번 과정을 반복한다.

◆ 짧은뜨기(A) / 짧은뜨기 이랑뜨기(B) ◆

1A   화살표 방향으로 바늘을 넣는다.

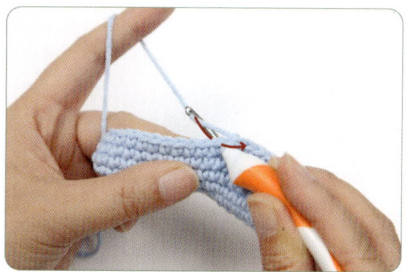

2   바늘에 실을 감아 화살표 방향으로 빼낸다.

3   코 사이로 실을 빼내면 2코가 된다.

4   바늘에 실을 감아 화살표 방향으로 빼낸다.

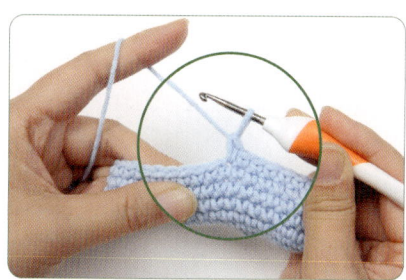

5   완성된 모습.

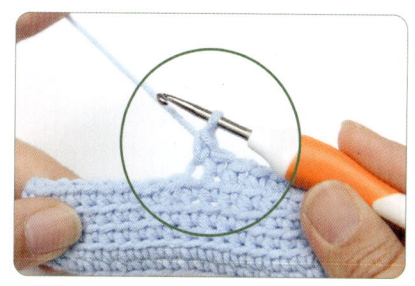

1B   짧은뜨기와 같은 방법으로 뜨는데, 뒤쪽의 반 코만 잡아서 뜬다.

◆ 짧은뜨기 2코 늘려뜨기(A) / 짧은 이랑뜨기 2코 늘려뜨기(B) ◆

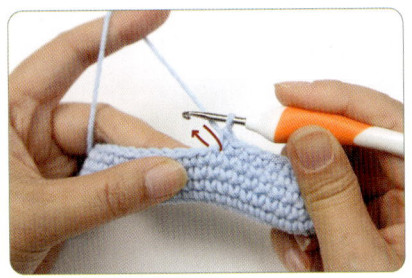

1A 떠져 있는 앞코에 화살표 방향으로 바늘을 넣는다.

2 바늘에 실을 감아 화살표 방향으로 빼낸다.

3 코 사이로 실을 빼내면 2코가 된다. 바늘에 실을 감아 화살표 방향으로 빼낸다.

4 1코에 2코가 떠진 모습.

1B 짧은뜨기 2코 늘려뜨기와 같은 방법으로 뜨는데, 뒤쪽의 반코만 잡아서 뜬다.

◆ 짧은뜨기 2코 모아뜨기(A) / 짧은 이랑뜨기 2코 모아뜨기(B) ◆

1A 화살표 방향으로 바늘을 넣는다.

2 실을 걸어 화살표 방향으로 빼낸다.

3 코 사이로 실을 빼내면 2코가 된다. 다시 화살표 방향으로 바늘을 넣는다.

4 실을 걸어 화살표 방향으로 빼낸다.

5 코 사이로 실을 빼내면 3코가 된다.

6 바늘에 실을 걸어 화살표 방향으로 빼낸다.

7 완성된 모습.

1B 짧은뜨기 2코 모아뜨기와 같은 방법으로 뜨
는데, 뒤쪽의 반코만 잡아서 뜬다.

◆ 빼뜨기(A) / 빼뜨기 이랑뜨기(B) ◆

1A 화살표 방향으로 바늘을 넣는다.

2 실을 걸어 화살표 방향으로 빼낸다.

3 완성된 모습.

1B 빼뜨기와 같은 방법으로 뜨는데, 뒤쪽의 반코
만 잡아서 뜬다.

◆ 겹짧은뜨기(A) / 겹짧은뜨기 이랑뜨기(B) ◆

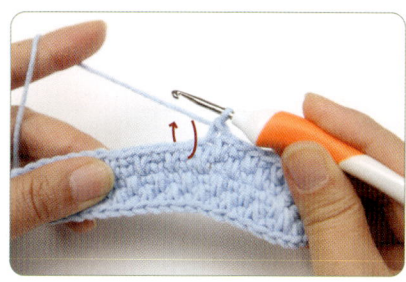

1A 한단 아래에 화살표 방향으로 바늘을 넣는다.

2 실을 감아 화살표 방향으로 빼낸다.

3 코 사이로 실을 빼내면 2코가 된다.

4 바늘에 실을 감아 화살표 방향으로 빼낸다.

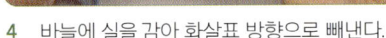

5 완성된 모습.

1B 겹짧은뜨기와 같은 방법으로 뜨는데, 뒤쪽의 반코만 잡아서 뜬다.

◆ 긴뜨기 ◆

1 바늘에 실을 걸어 화살표 방향으로 넣는다.

2 실을 감아 화살표 방향으로 빼낸다.

3 코 사이로 실을 빼내면 3코가 된다.

4 실을 걸어 화살표 방향으로 빼낸다.

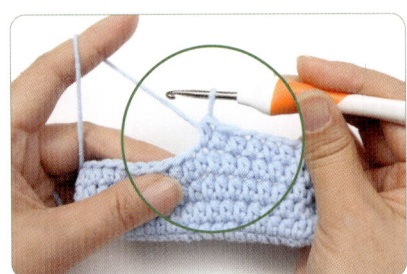

5 완성된 모습.

◆ 한길긴뜨기(A) / 한길긴뜨기 이랑뜨기(B) ◆

1A 바늘에 실을 걸어 화살표 방향으로 넣는다.

2 실을 감아 화살표 방향으로 빼낸다.

3 코 사이로 실을 빼내면 3코가 된다.

기초 레슨

4 실을 감아 화살표 방향으로 2코만 빼낸다.

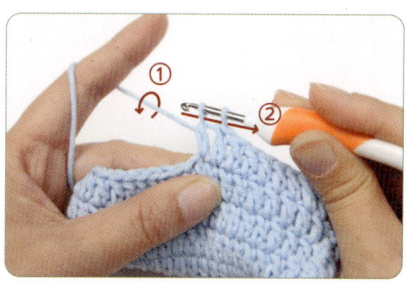

5 다시 실을 감아 화살표 방향으로 빼낸다.

6 완성된 모습.

1B 한길긴뜨기와 같은 방법으로 뜨는데, 뒤쪽의 반코만 잡아서 뜬다.

◆ 한길긴뜨기 2코 늘려뜨기 ◆

1 한길긴뜨기를 1코 뜨고, 바늘에 실을 걸어 같은 코에 화살표 방향으로 바늘을 넣는다.

2 실을 감아 화살표 방향으로 빼낸다.

3 코 사이로 실을 빼내면 3코가 된다. 실을 감아 화살표 방향으로 2코만 빼낸다.

4 다시 실을 감아 화살표 방향으로 빼낸다.

5 1코에 2코가 떠진 모습.

◆ 한길긴뜨기 2코 모아뜨기 ◆

1 바늘에 실을 걸어 화살표 방향으로 넣는다.

2 바늘에 실을 감아 화살표 방향으로 빼낸다.

3 화살표 방향으로 2코만 빼낸다.

4 코 사이로 실을 빼내면 2코가 된다.

5 실을 감아 화살표 방향으로 다음 코에 바늘을 넣는다.

6 실을 감아 화살표 방향으로 빼낸다.

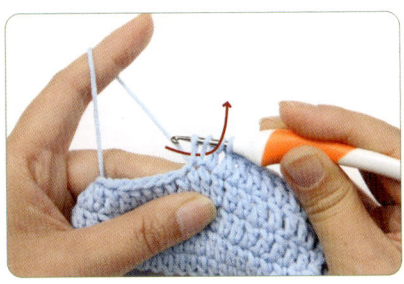

7 코 사이로 실을 빼내면 4코가 된다. 실을 감아 화살표 방향으로 2코만 빼낸다.

8 실을 감아 화살표 방향으로 3코를 한꺼번에 빼낸다.

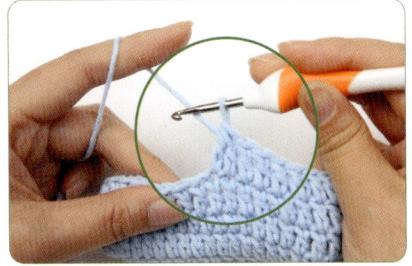

9 완성된 모습.

◆ 두길긴뜨기 ◆

1 바늘에 실을 2번 감아 화살표 방향으로 넣는다.

2 실을 감아 화살표 방향으로 빼낸다.

3 코 사이로 실을 빼내면 4코가 된다. 실을 감아 화살표 방향으로 2코만 빼낸다.

4 실을 빼내면 3코가 된다. 실을 감아 화살표 방향으로 2코만 빼낸다.

5 실을 빼내면 2코가 된다. 실을 감아 화살표 방향으로 남은 2코를 빼낸다.

6 완성된 모습.

◆ 짧은뜨기 뒤걸어뜨기 ◆

1 화살표 방향으로 바늘을 넣는다.

2 뒤쪽에서 바늘을 넣은 모습. 다시 화살표 방향으로 바늘을 넣는다.

3 바늘을 넣은 모습.

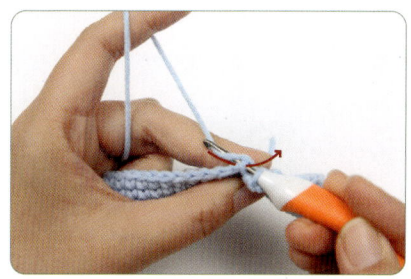

4 바늘에 실을 감아 화살표 방향으로 빼낸다.

5 실을 빼내어 2코가 된 모습. 바늘에 실을 감아 화살표 방향으로 빼낸다.

6 실을 빼내어 완성한 모습. 같은 방법으로 원하는 콧수만큼 반복한다.

대바늘 뜨개 기법

◆ **일반 코잡기** ◆

1 실을 고리 모양으로 만들어 왼손 엄지와 검지에 건다. 이때 실 끝 부분은 왼손 엄지 쪽으로 뜬다. (실의 길이는 원하는 길이의 3배를 잡는다)

2 사진과 같이 왼손을 돌려 실을 위쪽으로 넘긴다.

3 엄지 아래쪽으로 바늘을 넣는다.

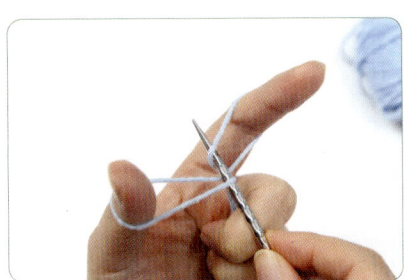

4 검지에 걸려 있는 실을 가져온다.

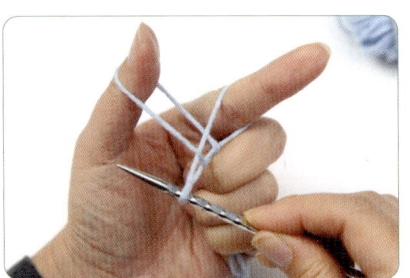

5 엄지의 실 사이로 가져온 실을 빼낸다.

6 1코를 만든 상태.

7 실을 당겨서 느슨하지 않게 만든다.

8 3~7번을 반복하여 원하는 콧수만큼 만든다.

◆ 겉뜨기 ◆

1 화살표 방향으로 오른쪽 바늘을 앞에서 뒤로 넣어준다.

2 바늘을 넣은 모습.

3 실을 바깥쪽에서 안쪽으로 감아 화살표 방향으로 빼낸다.

4 실을 빼낸 모습.

5 완성된 모습.

◆ 안뜨기 ◆

1 화살표 방향으로 오른쪽 바늘을 앞으로 넣어준다.

2 바늘을 넣은 모습.

3 실을 오른쪽 바늘의 바깥쪽에서 안쪽으로 감아 화살표 방향으로 빼낸다.

4 실을 빼낸 모습.

5 완성된 모습.

◆ 덮어씌워 코막음 ◆

1 첫 번째 코를 겉뜨기로 뜬다.

2 두 번째 코를 겉뜨기로 뜬다.

3 왼쪽 바늘로 첫 번째 코를 두 번째 코에 덮어 씌운다.

4 1코를 덮어씌운 모습.

5 같은 방법으로 원하는 콧수만큼 반복해서 코 막음 한다.

◆ 메리야스뜨기 / 안메리야스뜨기 / 가터뜨기 ◆

1 메리야스뜨기
 - 겉뜨기 1단, 안뜨기 1단을 반복해서 뜬다.

2 안메리야스뜨기
 - 안뜨기 1단, 겉뜨기 1단을 반복해서 뜬다.

3 가터뜨기
 - 겉뜨기나 안뜨기 중 한 가지 방법만 반복해 서 뜬다.

◆ 대바늘로 떠서 잇기 ◆

1 뜨는 편물의 겉과 겉을 마주댄다.

2 앞, 뒤 두 코에 한꺼번에 바늘을 넣어준다.

3 겉뜨기로 떠서 2코를 한꺼번에 빼낸다.

4 1코를 빼낸 모습.

5 2번처럼 겉뜨기로 떠서 2코를 만든다.

6 왼쪽 바늘로 첫 번째 코를 두 번째 코에 덮어 씌운다.

7 2코를 연결한 모습. 같은 방법으로 반복한다.

8 다 이어진 모습.

9 완성된 겉면의 모습.

◆ 쉼코로 두기 ◆

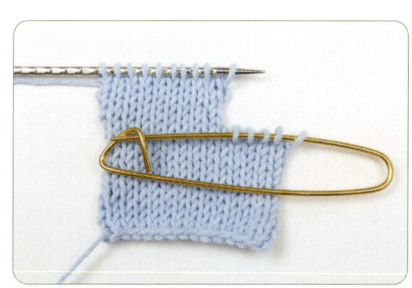

1 더 이상 코를 뜨지 않을 경우 안전핀에 코를 걸어 쉼코로 둔다.

코바늘

기법으로

만든

가방 & 소품

키즈 크로스백 &
과일 시리즈 열쇠고리

난이도　★ ☆ ☆

아이들을 위한 키즈 크로스백이에요.
과일 장식을 만들어 달아 더 귀엽답니다.

◇ 크기 　　　가로 16㎝, 세로 12㎝, 끈 길이 77㎝
◇ 준비물 　　모사용 코바늘 6/0호·5/0호, 돗바늘, 단추 3개, 솜 약간
◇ 사용한 실 　루피 – 노란색(46번) 40g, 진한 분홍색(15번) 40g, 베이지색(42번) 40g
　　　　　　　로미오 – 빨간색(26번) 30g, 노란색(9번) 10g, 진초록색(53번) 5g, 연초록색(55번) 15g

HOW TO MAKE　　바닥에서 사슬코를 잡아 위로 떠 올라가는 방식으로 뜹니다.

키즈 크로스백

가방 몸판 뜨기

코바늘 6/0호를 사용하여 사슬코 20코를 잡는다.

1단	기둥코 1코를 뜨고 짧은뜨기 42코를 뜬다.
2단	짧은뜨기 1코에 2코 늘려뜨기, 짧은뜨기 18코, 짧은뜨기 1코에 2코 늘려뜨기×3회, 짧은뜨기 18코, 짧은뜨기 1코에 2코 늘려뜨기×2회를 뜬다.
3단~22단	짧은뜨기로 뜬다.

다른 색도 같은 방법으로 가방 몸판을 뜬다.

끈 뜨기

가방의 한쪽 끝에서 코를 걸어 사슬뜨기로 150코를 뜬 후, 다른 한쪽에 빼뜨기로 연결한다. 다시 사슬뜨기 위에 빼뜨기를 떠서 마무리한다.

수박 뜨기

빨간색 실로 코바늘 5/0호를 사용하여 원형코를 만든다.

1단	짧은뜨기 6코를 뜬다.
2단	짧은뜨기 1코에 2코 늘려뜨기×6회 (총 12코)
3단	(짧은뜨기 1코, 짧은뜨기 1코에 2코 늘려뜨기)×6회 (총 18코)
4단	(짧은뜨기 2코, 짧은뜨기 1코에 2코 늘려뜨기)×6회 (총 24코)
5단	(짧은뜨기 3코, 짧은뜨기 1코에 2코 늘려뜨기)×6회 (총 30코)
6단	(짧은뜨기 4코, 짧은뜨기 1코에 2코 늘려뜨기)×6회 (총 36코)
7단	짧은뜨기로 뜬다.

실을 진초록색으로 바꾼다.

8단~9단	짧은뜨기로 2단을 뜬다.

반을 접어서 빼뜨기로 연결해준다. 검은색 실로 프렌치 너트 스티치를 하여 수박씨를 만들어준다.

파인애플 뜨기

❶ 몸통 뜨기

노란색 실로 코바늘 5/0호를 사용하여 사슬코 7코를 뜬다.

1단	기둥코 1코를 뜨고, 짧은뜨기 1코, 긴뜨기 1코, 한길긴뜨기 14코, 긴뜨기, 짧은뜨기 2코를 뜬 후 빼뜨기로 연결한다.
2단	기둥코 1코를 뜨고, 짧은뜨기 1코에 2코 늘려뜨기, 긴뜨기 1코, 한길긴뜨기 4코, 한길긴뜨기 1코에 2코 늘려뜨기×6회, 한길긴뜨기 4코, 긴뜨기 1코, 짧은뜨기 1코에 2코 늘려뜨기×2회를 뜬 후 빼뜨기로 연결한다.

❷ 잎 뜨기

연초록색 실로 몸통의 윗부분에서 실을 걸어 시작한다.

(사슬뜨기 5코, 기둥코 1코를 뜨고, 짧은뜨기 1코, 긴뜨기 1코, 한길긴뜨기 3코, 처음 시작 부분에 빼뜨기)×3회를 한다. (도안 참고)

실을 잘라 마무리한다.

체리 뜨기

❶ 몸통 뜨기(2개)

빨간색 실로 코바늘 5/0호를 사용하여 원형코를 만든다.

1단	짧은뜨기 6코를 뜬다.
2단	짧은뜨기 1코에 2코 늘려뜨기×6회 (총 12코)
3단	(짧은뜨기 1코, 짧은뜨기 1코에 2코 늘려뜨기)×6회 (총 18코)
4단~6단	짧은뜨기로 3단을 뜬다.
7단	(짧은뜨기 1코, 짧은뜨기 2코 모아뜨기)×6회 (총 12코)
8단	(짧은뜨기 2코 모아뜨기)×6회 (총 6코)

떠 놓은 볼에 솜을 넣고 돗바늘로 코를 모아 잡아당겨 마무리한다.

❷ 잎 뜨기

연초록색 실로 체리 한 개에 실을 걸어 시작한다.

사슬뜨기 15코, 기둥코 1코, 짧은뜨기 1코, 긴뜨기 2코, 한길긴뜨기 2코, 긴뜨기 2코, 짧은뜨기 1코, 빼뜨기, 사슬뜨기 8코, 기둥코 1코, 짧은뜨기 1코, 긴뜨기 2코, 한길긴뜨기 2코, 긴뜨기 2코, 짧은뜨기 1코, 빼뜨기, 사슬뜨기 6코, 나머지 한 개의 체리볼에 빼뜨기로 연결하여 마무리한다.

마무리하기

사진을 참고하여 진한 분홍색 가방에는 파인애플, 노란색 가방에는 수박, 베이지색 가방에는 체리를 한쪽에 달아주고 마무리한다.

수박 뜨기

수박 뜨기 도안을 참고하여 뜬다.

반을 접어서 빼뜨기로 연결한다. 마지막 2코 정도 남았을 때 솜을 넣어주고 나머지 2코를 떠서 마무리한다.

검은색 실로 프렌치 너트 스티치를 하여 수박씨를 만들고, 열쇠고리를 달아준다.

파인애플 뜨기

파인애플 뜨기 도안을 참고하여 몸통을 2장 뜬다.

2장을 겹쳐 빼뜨기로 연결한다. 마지막 2코 정도 남았을 때 솜을 넣어주고 나머지 2코를 떠서 마무리한다.

도안을 참고하여 잎을 뜨고, 열쇠고리를 달아준다.

체리 뜨기

체리 뜨기 도안을 참고하여 뜨고, 열쇠고리를 달아준다.

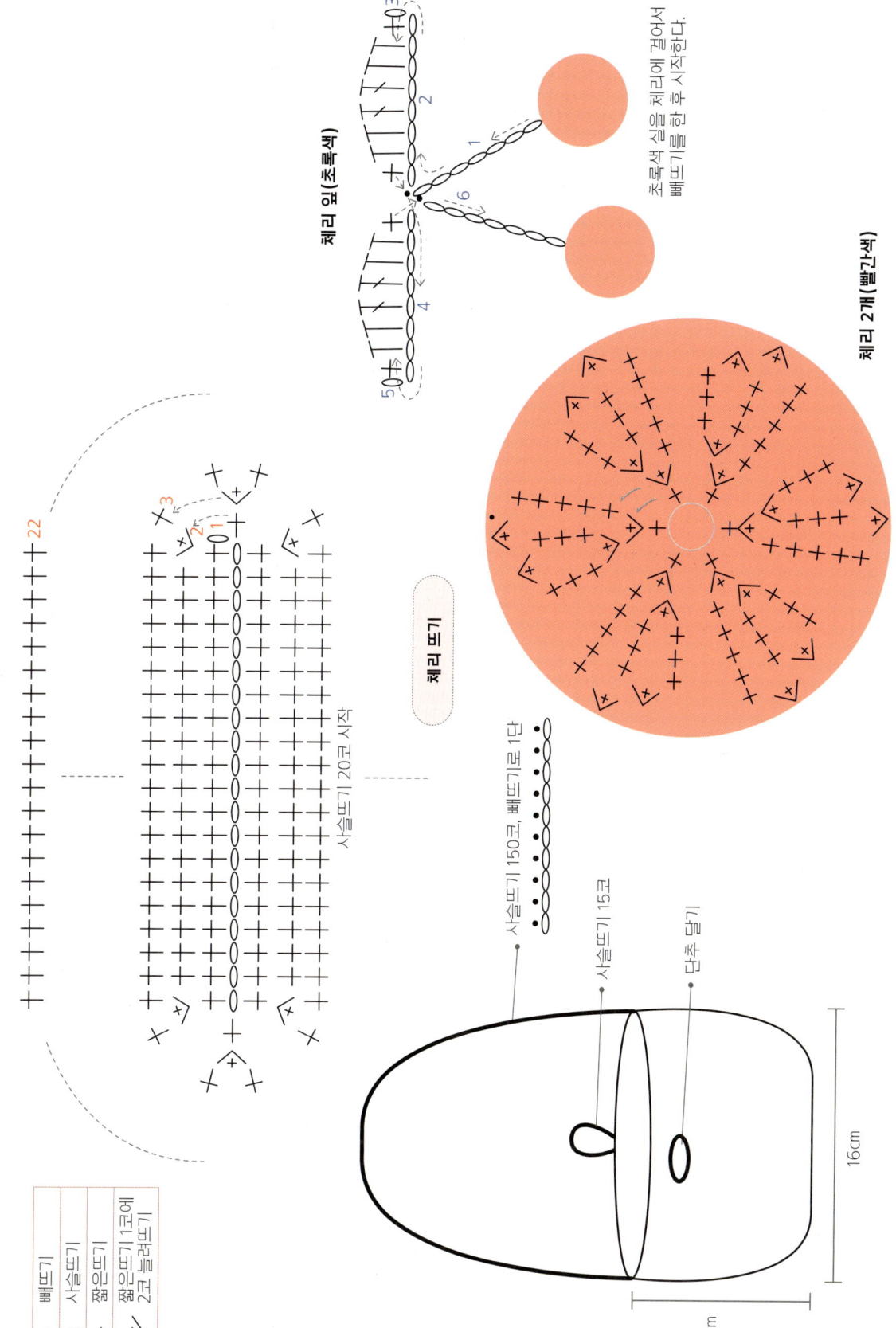

체리 잎(초록색)

초록색 실을 체리에 걸어서
빼뜨기를 한 후 시작한다.

체리 2개(빨간색)

체리 뜨기

사슬뜨기 20코 시작

가방 몸판 뜨기

사슬뜨기 150코, 빼뜨기로 1단

사슬뜨기 15코

단추 달기

16cm

12cm

•	빼뜨기
0	사슬뜨기
+	짧은뜨기
⋏	짧은뜨기 1코에 2코 늘려뜨기

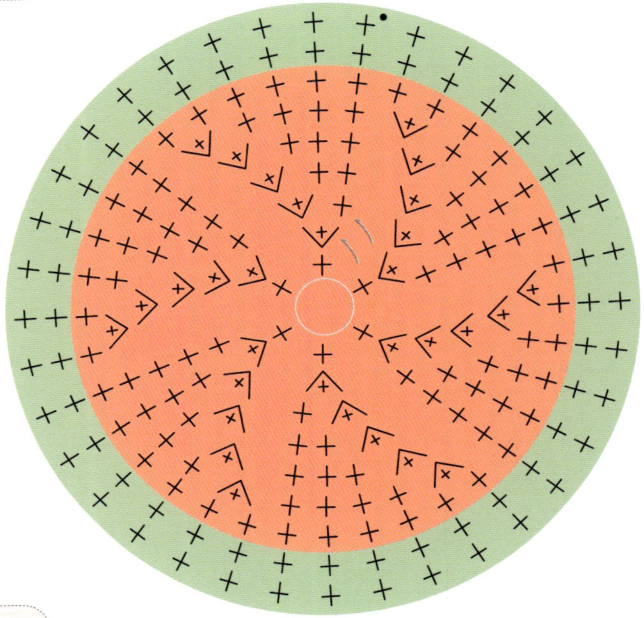

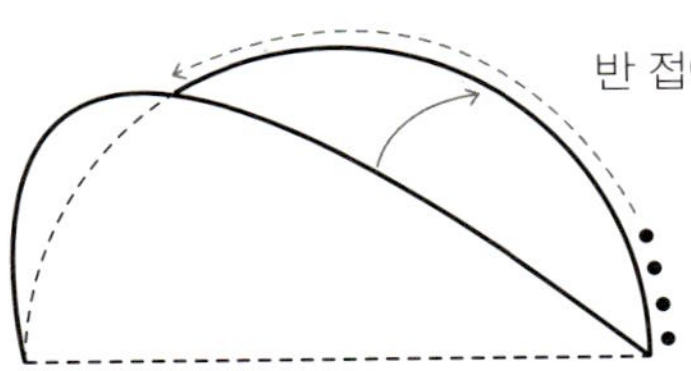

반 접어서 빼뜨기로 연결.

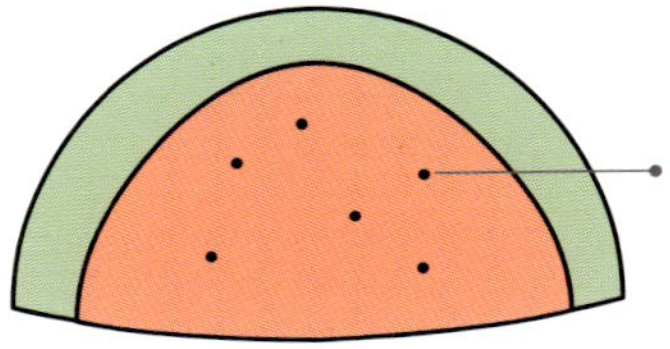

프렌치 너트 스티치로 수박씨를 표현해 준다.

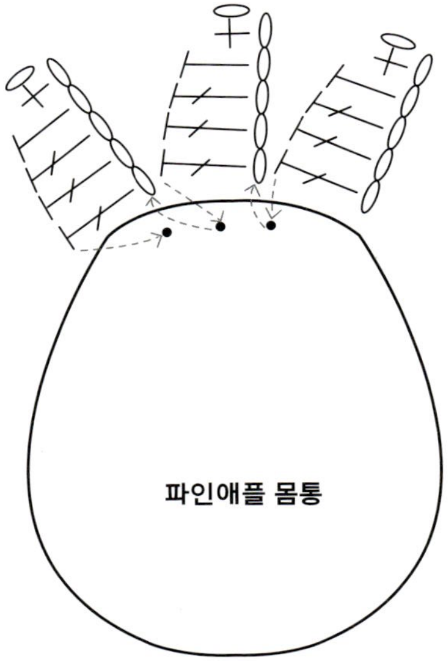

프렌치 너트 스티치

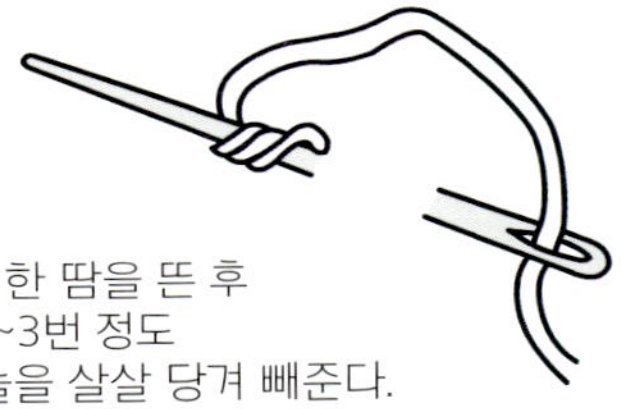

1. 수를 놓을 면에 한 땀을 뜬 후 바늘에 실을 2~3번 정도 감아준다. 바늘을 살살 당겨 빼준다.

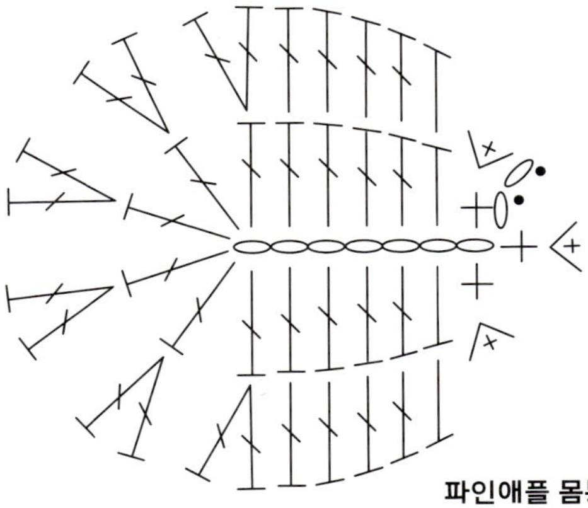

2. 처음 시작 부분에 바늘을 넣고 잡아당겨 안쪽에서 매듭을 짓고 마무리한다.

3. 완성된 모습.

파인애플 잎(초록색)

파인애플 몸통

파인애플 몸통(녹두색)

수박 뜨기

파인애플 뜨기

니트 헤어 슈슈

난이도 ★☆☆

뜨개를 하다 보면 자투리 실들이 많이 남아요. 그렇다고 아까운 실들을 버릴 수도 없고요.
이럴 때 고무줄 하나만 있으면 근사한 헤어 액세서리를 만들 수 있답니다.
원하는 색으로 배색을 해도 좋아요!

◇ 크기 　　　　지름 대략 10~12㎝
◇ 준비물 　　　모사용 코바늘 6/0호, 돗바늘, 원형 고무줄
◇ 사용한 실 　　레트로 트위드 – 주황색(12번) 30g, 카키색(11번) 30g

HOW TO MAKE　고무줄 위에 코바늘로 무늬뜨기를 떠서 만드는 방법입니다.

헤어 슈슈 뜨기

코바늘 6/0호를 사용하여 고무줄 위에 뜬다.

1단   기둥코 1코를 뜨고, 짧은뜨기 72코를 뜬 후 빼뜨기로 연결한다.

2단   기둥코 3코를 뜨고, 짧은뜨기 1코에 한길긴뜨기 2코씩 뜬 후 빼뜨기로 연결한다.(144코)

3단   기둥코 3코를 뜨고, 한길긴뜨기 143코를 뜬다.

4단   기둥코 1코를 뜨고, (짧은뜨기 1코, 사슬뜨기 3코)× 144회, 빼뜨기로 연결한다.

헤어 슈슈 뜨기

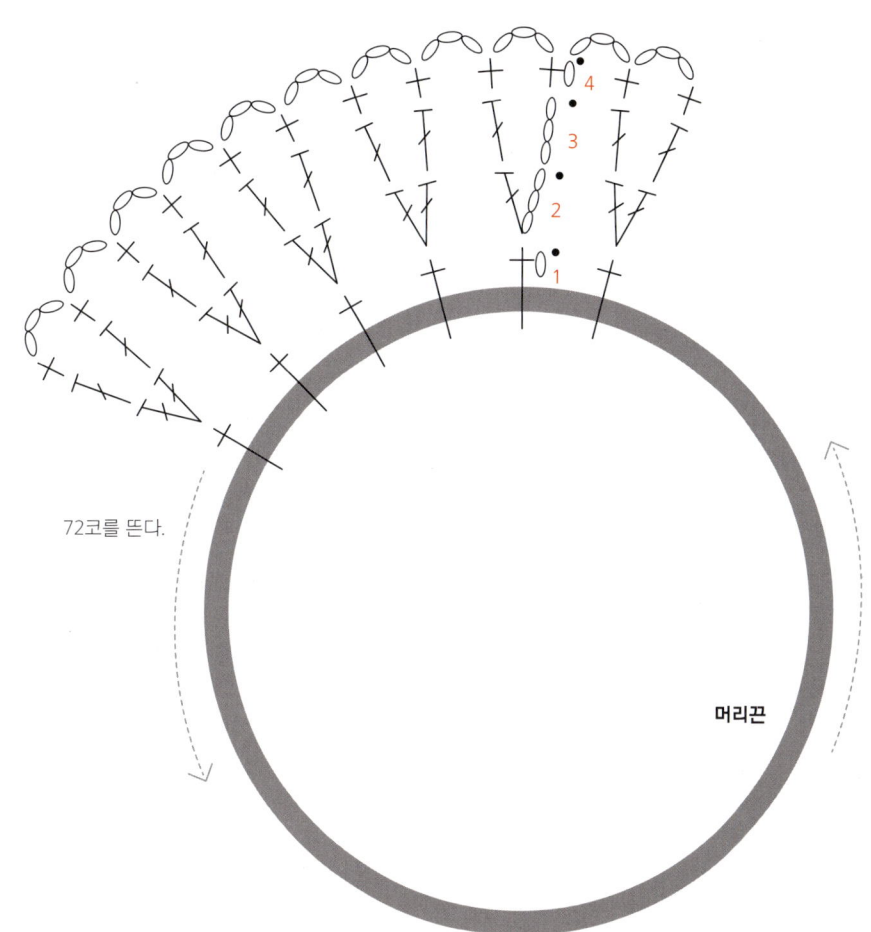

72코를 뜬다.

머리끈

•	빼뜨기
0	사슬뜨기
+	짧은뜨기
⊤	한길긴뜨기

스마일 원형백

난이도 ★★☆

원형코를 만들어 중심에서 원형으로 늘려가는 기법으로 만들었어요.
가방 몸판에 수를 놓아 재미난 포인트를 주었답니다.
엄마와 아이가 커플로 들 수 있도록 두가지 사이즈로 준비해 보았어요.

◇ **크기**   엄마용 – 원형 지름 31㎝, 끈 길이 68㎝, 아이용 – 원형 지름 16㎝, 끈 길이 97㎝
◇ **준비물**   모사용 코바늘 7/0호, 돗바늘, 원형 가죽 여밈 단추 2개
◇ **사용한 실** 무지얀 – 베이지나염(13번) 200g, 검정나염(16번) 200g, 수놓을 검정 면사 조금

HOW TO MAKE 원형코를 잡아 중심에서 코를 늘려가며 뜨는 방식의 가방입니다.

엄마용

몸판 뜨기 (2장)

코바늘 7/0호를 사용하여 원형코 만들기로 코를 잡는다.

1단 짧은뜨기로 7코를 뜬다.

2단 짧은뜨기 1코에 2코 늘려뜨기×7회 (총 14코)

3단 (짧은뜨기 1코, 짧은뜨기 1코에 2코 늘려뜨기)×7회 (총 21코)

4단 (짧은뜨기 2코, 짧은뜨기 1코에 2코 늘려뜨기)×7회 (총 28코)

5단 (짧은뜨기 3코, 짧은뜨기 1코에 2코 늘려뜨기)×7회 (총 35코)

6단 (짧은뜨기 4코, 짧은뜨기 1코에 2코 늘려뜨기)×7회 (총 42코)

7단 (짧은뜨기 5코, 짧은뜨기 1코에 2코 늘려뜨기)×7회 (총 49코)

8단 (짧은뜨기 6코, 짧은뜨기 1코에 2코 늘려뜨기)×7회 (총 56코)

9단 (짧은뜨기 7코, 짧은뜨기 1코에 2코 늘려뜨기)×7회 (총 63코)

10단 (짧은뜨기 8코, 짧은뜨기 1코에 2코 늘려뜨기)×7회 (총 70코)

11단 (짧은뜨기 9코, 짧은뜨기 1코에 2코 늘려뜨기)×7회 (총 77코)

12단 (짧은뜨기 10코, 짧은뜨기 1코에 2코 늘려뜨기)×7회 (총 84코)

13단 (짧은뜨기 11코, 짧은뜨기 1코에 2코 늘려뜨기)×7회 (총 91코)

14단 (짧은뜨기 12코, 짧은뜨기 1코에 2코 늘려뜨기)×7회 (총 98코)

15단 (짧은뜨기 13코, 짧은뜨기 1코에 2코 늘려뜨기)×7회 (총 105코)

16단 (짧은뜨기 14코, 짧은뜨기 1코에 2코 늘려뜨기)×7회 (총 112코)

17단 (짧은뜨기 15코, 짧은뜨기 1코에 2코 늘려뜨기)×7회 (총 119코)

18단 짧은뜨기로 119코를 뜬다. (총 119코)

19단 (짧은뜨기 16코, 짧은뜨기 1코에 2코 늘려뜨기)×7회 (총 126코)

20단 짧은뜨기로 126코를 뜬다. (총 126코)

21단 (짧은뜨기 17코, 짧은뜨기 1코에 2코 늘려뜨기)×7회 (총 133코)

22단 짧은뜨기를 133코를 뜬다. (총 133코)

23단 (짧은뜨기 18코, 짧은뜨기 1코에 2코 늘려뜨기)×7회 (총 140코)

24단~25단 짧은뜨기로 140코, 2단을 뜬다. (총 140코) 빼뜨기로 첫코에 연결한다.

같은 방법으로 한 장을 더 뜬다.

몸판 연결하기·끈 뜨기

떠 놓은 몸판 2장을 맞대고 빼뜨기로 80코를 떠서 연결한다.

2장 중 앞쪽에 짧은뜨기 10코를 뜬 후 사슬뜨기 100코(끈 부분), 짧은뜨기 10코, 뒤쪽에 짧은뜨기 10코를 뜨고 사슬뜨기 100코(끈 부분), 짧은뜨기 10코를 뜬 후 빼뜨기로 연결한다.

다시 앞쪽 몸판에 기둥코 1코를 뜨고 짧은뜨기 10코, 100코 긴뜨기(끈 부분), 짧은뜨기 10코, 뒤쪽 몸판에 짧은뜨기 10코, 100코 긴뜨기(끈 부분), 짧은뜨기 10코를 뜬 후 빼뜨기로 연결하여 마무리한다.

마무리하기

검은색 실로 몸판에 스마일 수를 놓아준다. 입은 백스티치로 하고, 눈은 프렌치 너트 스티치로 한다. 안쪽에 원형 가죽 여밈 단추를 달아준다.

아이용

몸판 뜨기 (2장)

코바늘 7/0호를 사용하여 원형코 만들기로 코를 잡는다.

1단	짧은뜨기로 7코를 뜬다.
2단	짧은뜨기 1코에 2코 늘려뜨기×7회 (총 14코)
3단	(짧은뜨기 1코, 짧은뜨기 1코에 2코 늘려뜨기)×7회 (총 21코)
4단	(짧은뜨기 2코, 짧은뜨기 1코에 2코 늘려뜨기)×7회 (총 28코)
5단	(짧은뜨기 3코, 짧은뜨기 1코에 2코 늘려뜨기)×7회 (총 35코)
6단	(짧은뜨기 4코, 짧은뜨기 1코에 2코 늘려뜨기)×7회 (총 42코)
7단	(짧은뜨기 5코, 짧은뜨기 1코에 2코 늘려뜨기)×7회 (총 49코)
8단	(짧은뜨기 6코, 짧은뜨기 1코에 2코 늘려뜨기)×7회 (총 56코)
9단	(짧은뜨기 7코, 짧은뜨기 1코에 2코 늘려뜨기)×7회 (총 63코)
10단	(짧은뜨기 8코, 짧은뜨기 1코에 2코 늘려뜨기)×7회 (총 70코)
11단	(짧은뜨기 9코, 짧은뜨기 1코에 2코 늘려뜨기)×7회 (총 77코)
12단	(짧은뜨기 10코, 짧은뜨기 1코에 2코 늘려뜨기)×7회 (총 84코) 빼뜨기로 첫코에 연결한다.

몸판 연결하기·끈 뜨기

떠 놓은 몸판 2장을 맞대고 빼뜨기로 58코를 떠서 연결한다.

사슬뜨기 140코(끈 부분)를 뜨고, 반대쪽 시작 지점에 빼뜨기로 연결해서 마무리한다.

마무리하기

검은색 실로 몸판에 스마일 수를 놓아준다. 입은 백스티치로 하고, 눈은 스트레이트 스티치로 모양을 만든다. 안쪽에 원형 가죽 여밈 단추를 달아준다.

몸판 뜨기 - 엄마용

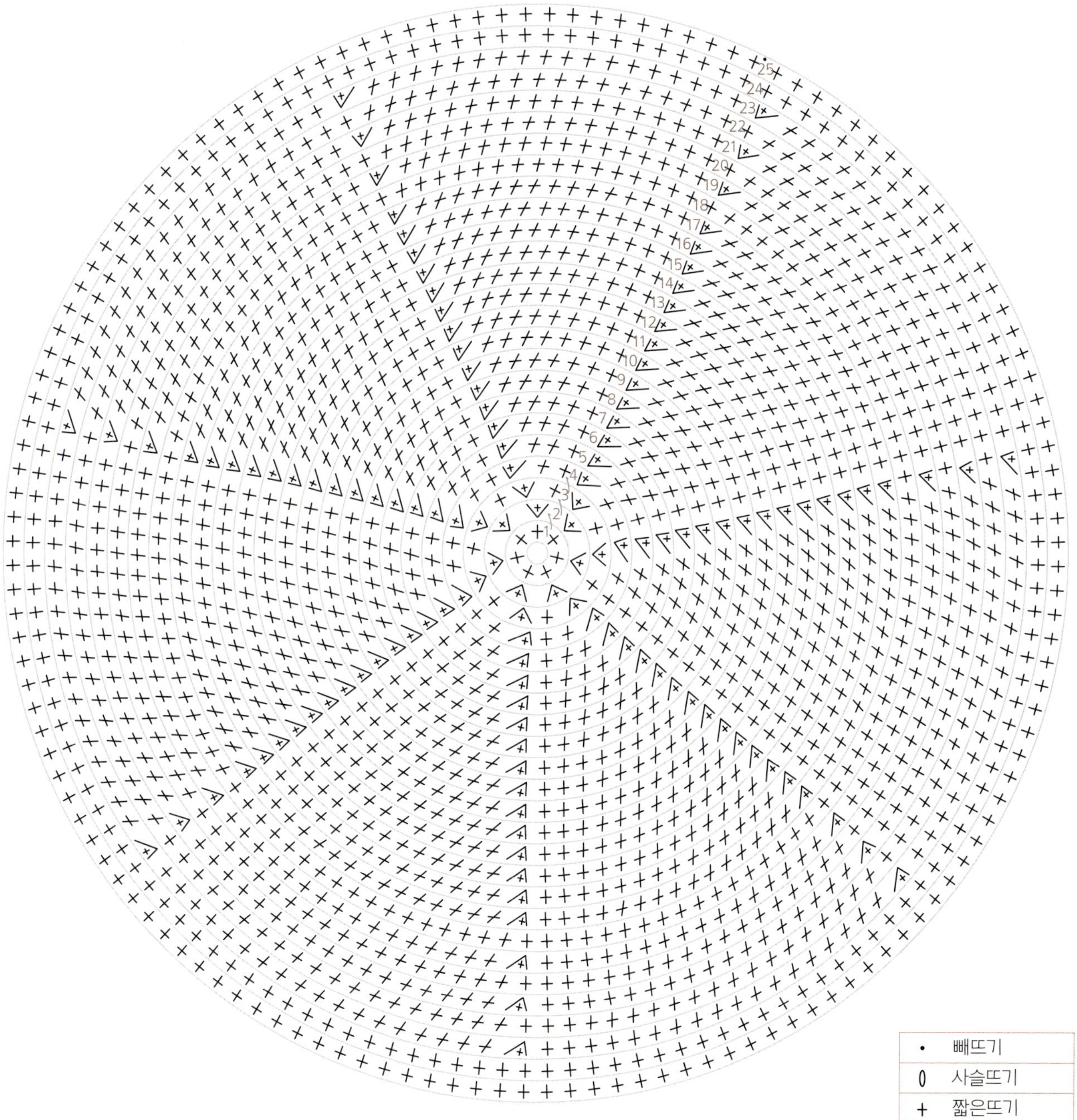

·	빼뜨기
0	사슬뜨기
+	짧은뜨기
⋎	짧은뜨기 1코에 2코 늘려뜨기

몸판 뜨기 - 아이용

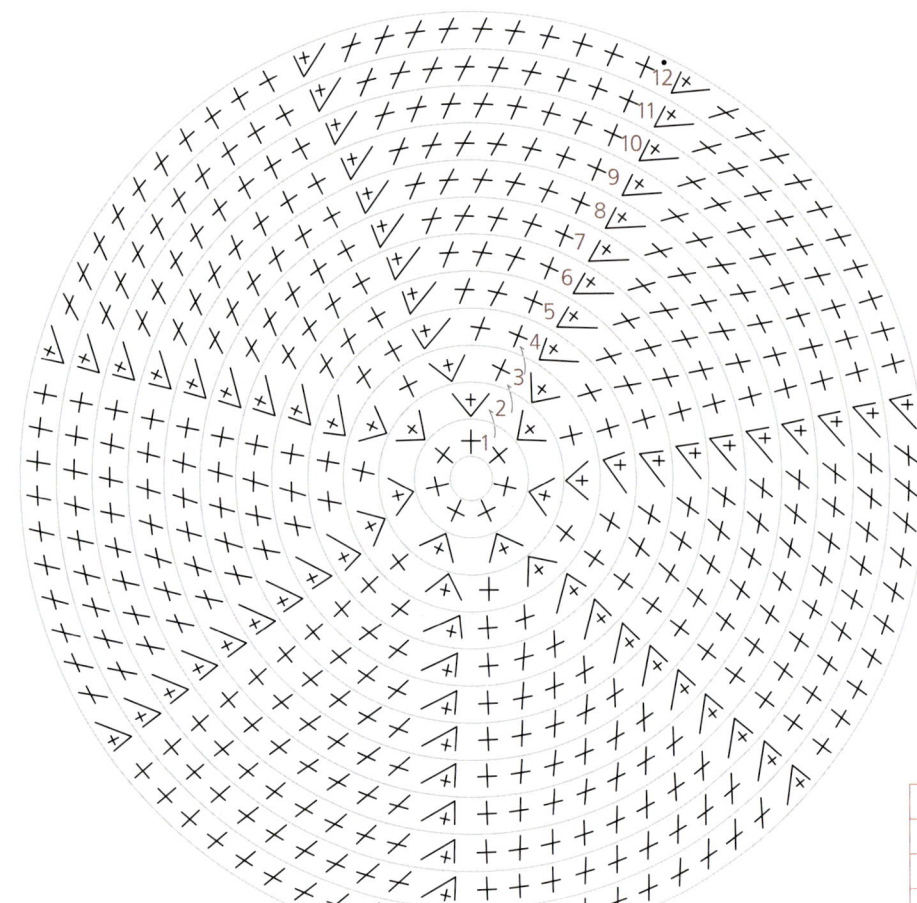

•	빼뜨기
0	사슬뜨기
+	짧은뜨기
⋎	짧은뜨기 1코에 2코 늘려뜨기

몸판 연결하기

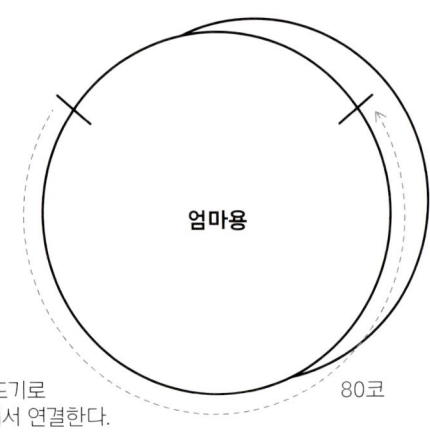

엄마용

80코

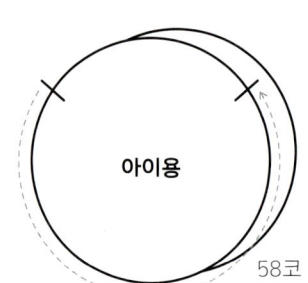

아이용

58코

두 장을 겹쳐서 빼뜨기로
각각 80코/58코 떠서 연결한다.

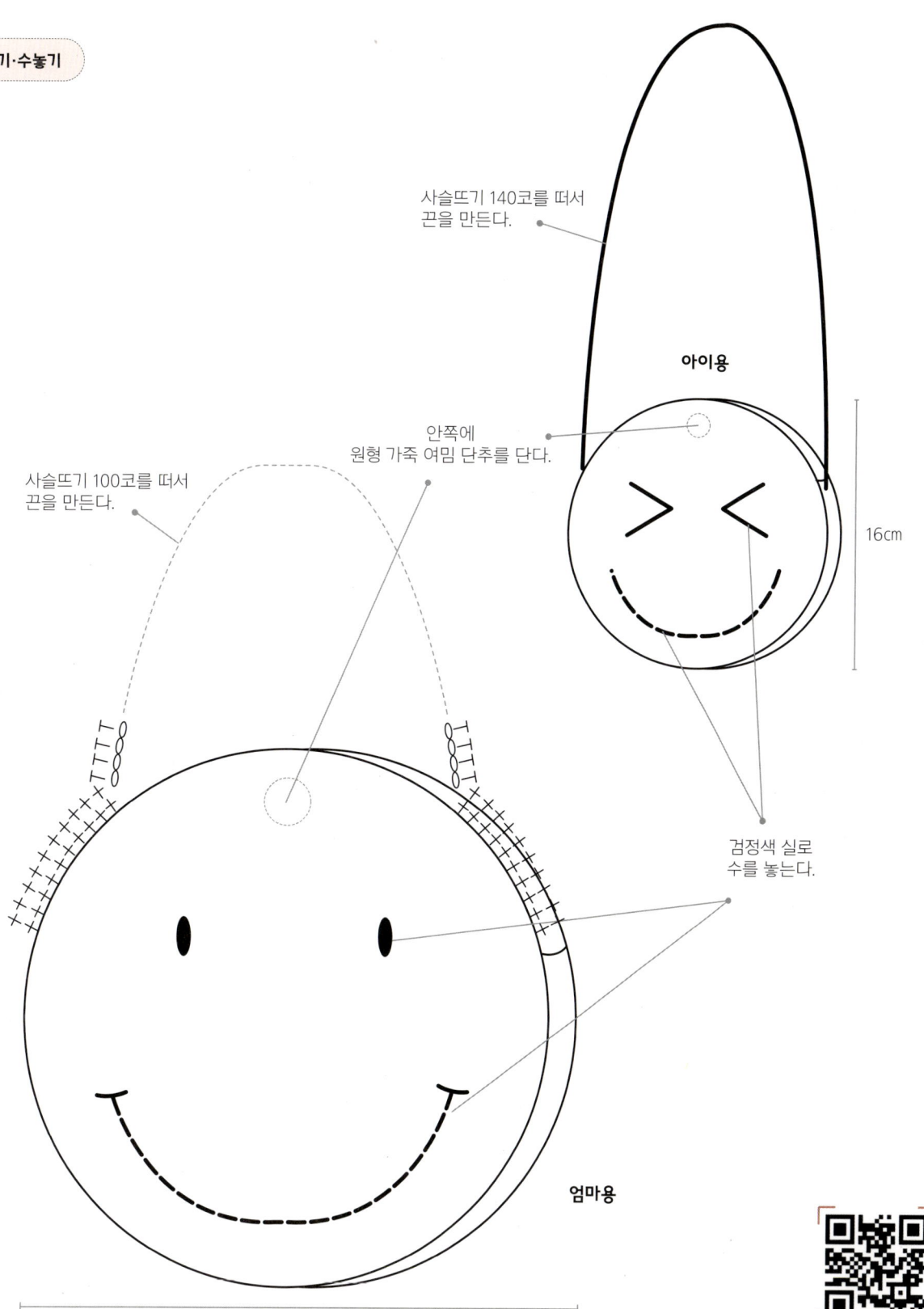

사슬뜨기 140코를 떠서
끈을 만든다.

아이용

16cm

안쪽에
원형 가죽 여밈 단추를 단다.

사슬뜨기 100코를 떠서
끈을 만든다.

검정색 실로
수를 놓는다.

엄마용

31cm

선글라스 케이스

난이도 ★★☆

짧은뜨기로만 떠 올린 후, 레이스 엣징으로 마무리를 해 주어 단조로움을 피했어요.
태슬 장식으로 포인트를 주었답니다.

◇ 크기   가로 18㎝, 세로 9㎝
◇ 준비물   모사용 코바늘 5/0호, 돗바늘, 단추
◇ 사용한 실   알로하 – 검은색 40g, 베이지색(42번) 40g

HOW TO MAKE 사슬코를 잡아 기둥코 없이 떠 원형으로 올라가는 방식으로 만듭니다.

케이스 몸판 뜨기

코바늘 5/0호를 사용하여 사슬뜨기로 32코를 뜬다.

1단   기둥코 1코를 뜬 후 짧은뜨기로 32코를 뜬다.

2단   기둥코 1코를 뜬 후 짧은뜨기로 32코를 뜬다.

3단~15단   3단째부터는 기둥코를 세우지 않고 짧은뜨기로 돌려 15단까지 뜬다. (3단째 시작 첫코에 단수 표시링을 표시해 두면 첫코를 헷갈리지 않아요)

16단   도안과 같이 이랑뜨기로 1단을 뜬 후 처음 시작코에 빼뜨기로 연결한다. 실을 자른다.

케이스 입구 뜨기

코바늘 5/0호를 사용하여 도안과 같이 코를 나눈 후 뜬다.

(앞면 32코, 끝 1코, 뒷면 32코, 끝 1코)

1단   기둥코 1코를 뜬 후 짧은뜨기 뒤걸어뜨기로 30코를 뜬다.

2단~3단   짧은뜨기로 2단을 뜬 후 실을 자른다.

같은 방법으로 반대쪽 입구도 만든다. 이때 도안처럼 짧은뜨기 15코, 사슬 4코, 짧은뜨기 15코를 뜬다. (단춧구멍 만들기)

옆선을 가방 몸판에 맞추어 꿰매어준다. (도안 참고)

엣징 뜨기

코바늘 5/0호를 사용하여 검은색 실로 뜬다. 16단째 이랑뜨기한 부분의 보이는 코에 실을 걸어 도안과 같이 엣징뜨기를 한다.

마무리하기

그림과 같이 태슬을 만들어 한쪽 옆에 달아주고 단추를 달아 마무리한다.

케이스 몸판 뜨기

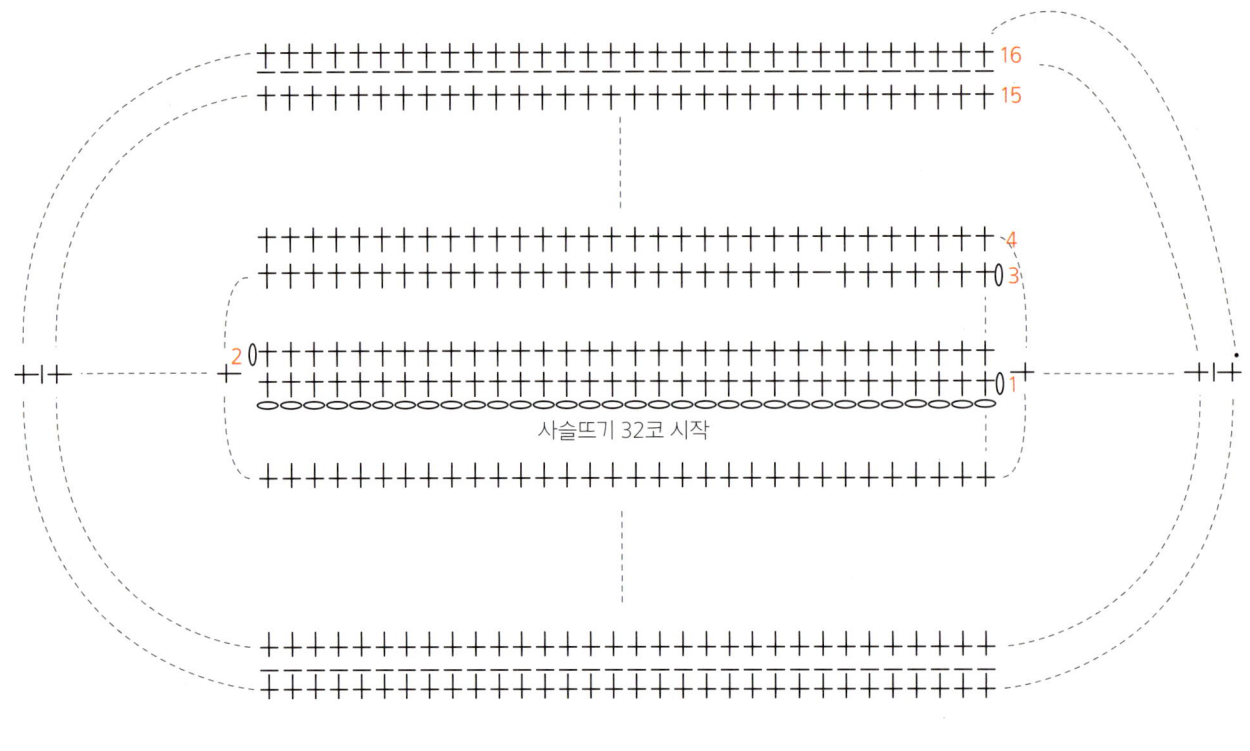

사슬뜨기 32코 시작

• 빼뜨기	O 사슬뜨기	+ 짧은뜨기	ↄ 짧은뜨기 뒤걸어 뜨기

케이스 입구 뜨기

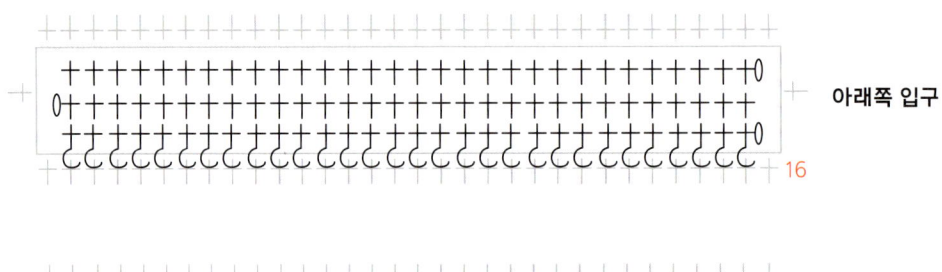

아래쪽 입구

16

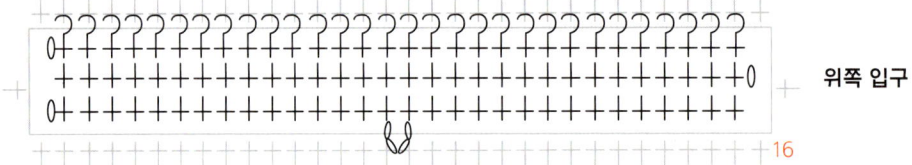

위쪽 입구

16

몸판 옆선의 아래쪽 입구 옆선을
안쪽에서 돗바늘로 꿰맨다.

몸판 옆선의
단춧구멍이 있는
위쪽 입구 옆선을
돗바늘로 꿰맨다.

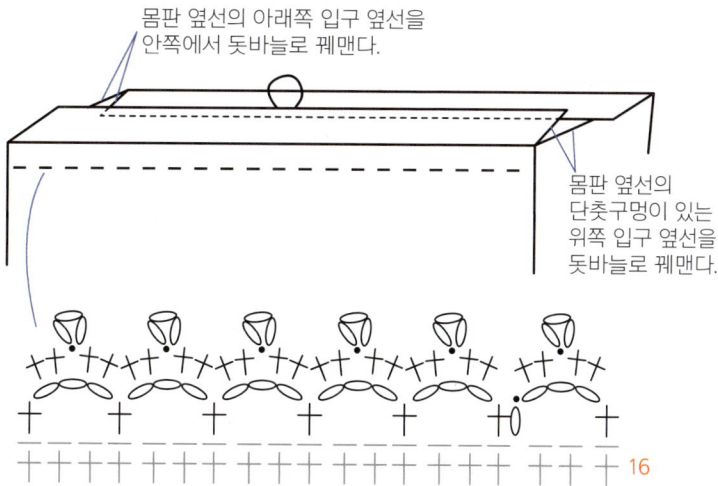

16

태슬 만들기

① 실을 6cm 길이로 20회 정도 감고
그림과 같이 윗부분을 묶어준다.

② 가위로 밑부분을 잘라준다.

③ 두 번째 그림과 같이 상투 모양으로
2~3회 돌려 묶고 풀리지 않게 매듭짓는다.

④ 윗부분의 매듭에 실을 걸어 사슬뜨기 7코를 뜬 후
케이스의 옆부분에 빼뜨기로 연결하고
다시 사슬 부분에 빼뜨기 7코를 뜬 후 실을 잘라낸다.

⑤ 실 끝부분을 돗바늘에 꿰어 태슬 쪽으로 빼내어 준다.

⑥ 전체 길이를 맞추어 가위로 잘라준다.

광목 파우치에
뜨개 옷 입히기

난이도 ★★☆

밋밋한 기본 파우치 위에 화사한 뜨개 옷을 입히면
느낌이 확 달라진답니다. 다용도 파우치로 활용해 보세요!

◇ **크기**　　가로 24.5cm, 세로 18cm
◇ **준비물**　모사용 코바늘 5/0호, 광목 파우치, 돗바늘
◇ **사용한 실**　코튼퀸 – 그린색(158번) 50g, 핑크색(5번) 50g

HOW TO MAKE　사슬코로 밑바닥을 잡아준 뒤 아래에서 위로 무늬를 떠 올라가는 방법입니다.

그린 파우치

코바늘 5/0호를 사용하여 사슬뜨기로 50코를 뜬다.

1단
기둥코 1코를 뜬 후 짧은뜨기로 49코를 뜬다. 50코째에는 짧은뜨기 3코를 뜬 후 다시 짧은뜨기 49코, 50코째에 짧은뜨기 2코를 뜬 후 빼뜨기로 연결한다.

2단~4단
기둥코 1코를 뜬 후 짧은뜨기로 102코를 뜨고 빼뜨기로 연결한다.

5단
기둥코 1코를 뜨고, 짧은뜨기 1코, (사슬뜨기 5코, 짧은뜨기 3코)×16회, 사슬뜨기 5코, 짧은뜨기 2코를 뜬 후 빼뜨기로 연결한다.

6단
기둥코 1코를 뜨고, 사슬에 짧은뜨기 7코, (짧은뜨기 1코, 사슬에 짧은뜨기 7코)×16회, 짧은뜨기 1코를 뜬 후 빼뜨기로 연결한다. 도안을 참고하여 빼뜨기 3코를 떠서 시작 위치를 이동한다.

7단
기둥코 1코를 뜨고, 짧은뜨기 3코, (사슬뜨기 5코, 짧은뜨기 3코)×16회, 사슬뜨기 2코, 한길긴뜨기로 처음 시작 부분에 연결해서 뜬다.

8단
기둥코 1코를 뜨고, 한길긴뜨기에 짧은뜨기 4코, (짧은뜨기 1코, 사슬에 짧은뜨기 7코)×16회, 짧은뜨기 1코, 사슬에 짧은뜨기 3코를 뜬 후 빼뜨기로 연결한다.

9단
기둥코 1코를 뜨고, 짧은뜨기 2코, (사슬뜨기 5코, 짧은뜨기 3코)×16회, 사슬뜨기 5코, 짧은뜨기 1코를 뜬 후 빼뜨기로 연결한다.

10단
기둥코 1코를 뜨고, (짧은뜨기 1코, 사슬에 짧은뜨기 7코)×17회 뜬 후 빼뜨기로 연결한다. 도안을 참고하여 빼뜨기 3코를 떠서 시작 위치를 이동한다.

11단~26단
7단~10단까지를 4회 뜬다.

27단
기둥코 2코를 뜨고, (사슬뜨기 2코, 짧은뜨기 1코, 사슬뜨기 2코, 긴뜨기 1코)×16회, 사슬뜨기 2코, 짧은뜨기 1코, 사슬뜨기 2코를 뜬 후 빼뜨기로 연결한다.

28단~30단
기둥코 1코를 뜨고, 짧은뜨기로 102코를 뜬 후 빼뜨기로 연결한다.

31단
빼뜨기 이랑뜨기로 102코를 뜬다.

핑크 파우치

코바늘 5/0호를 사용하여 사슬뜨기로 50코를 뜬다.

1단
기둥코 1코를 뜬 후 짧은뜨기로 49코를 뜬다. 50코째에는 짧은뜨기 3코를 뜬 후 다시 짧은뜨기 49코, 50코째에 짧은뜨기 2코를 뜬 후 빼뜨기로 연결한다.

2단~4단
기둥코 1코를 뜬 후 짧은뜨기로 102코를 뜨고 빼뜨기로 연결한다.

5단
기둥코 3코를 뜬 후 (사슬뜨기 1코, 한길긴뜨기 1코)×50회, 사슬뜨기 1코를 뜨고 빼뜨기로 연결한다. 도안을 참고하여 빼뜨기 1코를 떠서 시작 위치를 이동한다.

6단~19단
5번째 단을 14회 뜬다.

20단~23단
기둥코 1코를 뜨고, 짧은뜨기로 102코를 뜬 후 빼뜨기로 연결한다.

24단
빼뜨기 이랑뜨기로 102코를 뜬다.

마무리하기

사진을 참고하여 광목 파우치를 떠 놓은 뜨개 파우치에 넣고 바늘로 꿰매어 고정한다.

▶ 파우치에 뜨개 옷 꿰매기

24.5cm

18cm

사슬뜨기 50코로 시작

한길긴뜨기

이어뜨기 —

짧은뜨기 +

사슬뜨기 0

빼뜨기 •

그린 파우치

코바늘 가볍으로 만든 가방

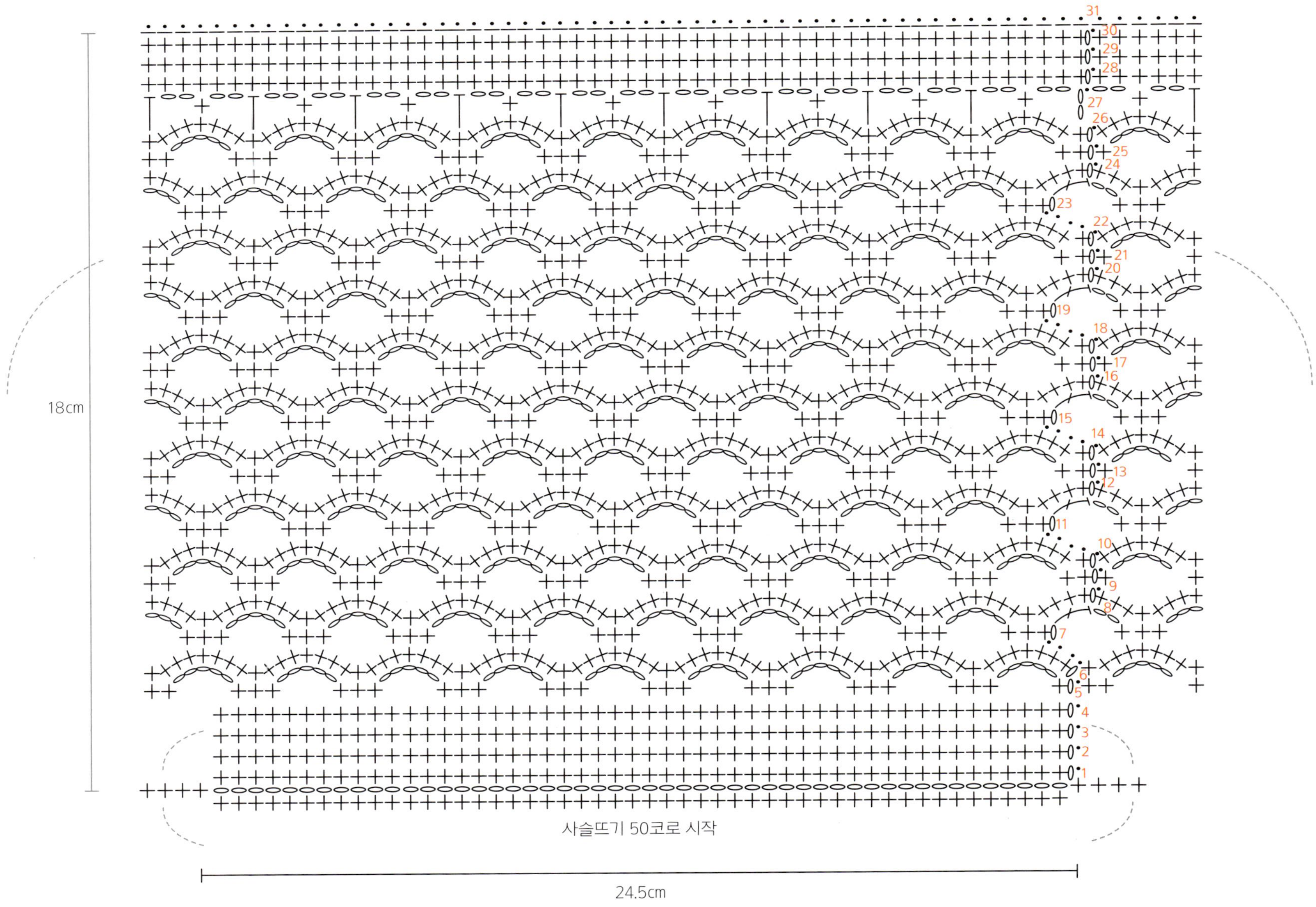

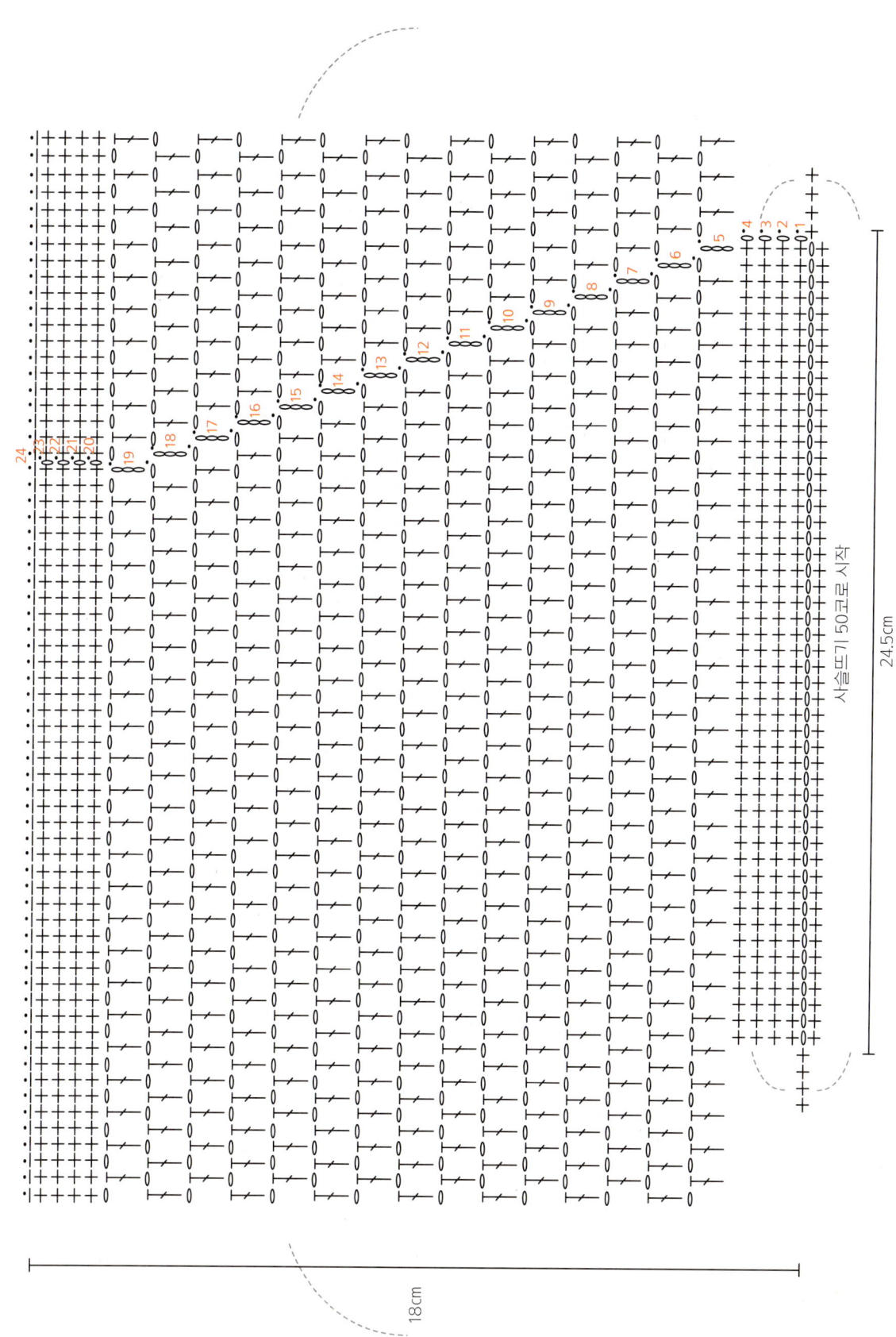

핑크 파우치

18cm

사슬뜨기 50코로 시작

24.5cm

교차무늬
버킷햇

난이도 ★★☆

기본적인 벙거지 형태의 모자예요.
짧은뜨기만 하는 단조로움을 피해 교차 무늬를 넣어주고,
모자 끝에 작은 프릴로 포인트를 주었어요.

◇ 크기   아이용 – 머리둘레 51㎝, 엄마용 – 머리둘레 54㎝
◇ 준비물   모사용 코바늘 6/0호, 돗바늘
◇ 사용한 실   아바카 – 어두운 빨간색(15번) 140g, 분홍색(2번) 120g

HOW TO MAKE   원형코를 잡아 코를 늘려가며 위에서 아래로 떠 내려오는 방식입니다.

엄마용

모자 탑 부분 뜨기

코바늘 6/0호를 사용하여 원형코를 잡는다.

1단	짧은뜨기로 6코를 뜬다. (총 6코)
2단	짧은뜨기 1코에 2코 늘려뜨기×6회 (총 12코)
3단	(짧은뜨기 1코에 2코 늘려뜨기, 짧은뜨기 1코)×6회 (총 18코)
4단	(짧은뜨기 1코, 짧은뜨기 1코에 2코 늘려뜨기, 짧은뜨기 1코)×6회 (총 24코)
5단	(짧은뜨기 1코에 2코 늘려뜨기, 짧은뜨기 3코)×6회 (총 30코)
6단	(짧은뜨기 2코, 짧은뜨기 1코에 2코 늘려뜨기, 짧은뜨기 2코)×6회 (총 36코)
7단	(짧은뜨기 1코에 2코 늘려뜨기, 짧은뜨기 5코)×6회 (총 42코)
8단	(짧은뜨기 3코, 짧은뜨기 1코에 2코 늘려뜨기, 짧은뜨기 3코)×6회 (총 48코)
9단	(짧은뜨기 1코에 2코 늘려뜨기, 짧은뜨기 7코)×6회 (총 54코)
10단	(짧은뜨기 4코, 짧은뜨기 1코에 2코 늘려뜨기, 짧은뜨기 4코)×6회 (총 60코)
11단	(짧은뜨기 1코에 2코 늘려뜨기, 짧은뜨기 9코)×6회 (총 66코)
12단	짧은뜨기 66코를 뜬다.
13단	(짧은뜨기 5코, 짧은뜨기 1코에 2코 늘려뜨기, 짧은뜨기 5코)×6회 (총 72코)
14단	(짧은뜨기 1코에 2코 늘려뜨기, 짧은뜨기 11코)×6회 (총 78코)
15단	(짧은뜨기 6코, 짧은뜨기 1코에 2코 늘려뜨기, 짧은뜨기 6코)×6회 (총 84코)
16~21단	짧은뜨기 84코, 6단을 뜬다.
22단	짧은뜨기 84코를 뜬 후 처음 시작코에 빼뜨기를 한다.
23단	기둥코 3코를 뜨고, (한길긴뜨기 2코·1코 교차뜨기, 한길긴뜨기 1코)×20회, 한길긴뜨기 2코·1코 교차뜨기를 한 후 빼뜨기로 연결한다.
24단	기둥코 1코를 뜬 후 짧은뜨기 84코를 뜨고 빼뜨기로 연결한다.
25단	기둥코 3코를 뜨고 한길긴뜨기 1코·1코 교차뜨기, (한길긴뜨기 1코, 한길긴뜨기 2코·1코 교차뜨기)×20회 반복, 한길긴뜨기 1코를 뜬 후 빼뜨기로 연결한다.
26단~29단	기둥코 없이 짧은뜨기 84코, 4단을 뜬다.

모자 챙 뜨기

30단	(짧은뜨기 6코, 짧은뜨기 1코에 2코 늘려뜨기)×12회 (총 96코)
31단	짧은뜨기 3코, 짧은뜨기 1코에 2코 늘려뜨기, (짧은뜨기 7코, 짧은뜨기 1코에 2코 늘려뜨기)×11회, 짧은뜨기 4코를 뜬다. (총 108코)
32단	짧은뜨기 108코를 뜬다.
33단	(짧은뜨기 17코, 짧은뜨기 1코에 2코 늘려뜨기)×6회 (총 114코)
34단	짧은뜨기 114코를 뜬다.
35단	짧은뜨기 9코, 짧은뜨기 1코에 2코 늘려뜨기, (짧은뜨기 18코, 짧은뜨기 1코에 2코 늘려뜨기)×5회, 짧은뜨기 9코를 뜬다. (총 120코)
36단~37단	짧은뜨기 120코, 2단을 뜬다.
38단	빼뜨기 이랑뜨기, (사슬뜨기 2코, 빼뜨기 이랑뜨기 2코)×59회, 사슬뜨기 2코, 빼뜨기 이랑뜨기 1코를 뜬 후 첫코에 빼뜨기로 마무리한다.

교차무늬 바짓햇

아이용

모자 탑 부분 뜨기

코바늘 6/0호를 사용하여 원형코를 잡는다.

1단 짧은뜨기로 6코를 뜬다. (총 6코)

2단 짧은뜨기 1코에 2코 늘려뜨기×6회 (총 12코)

3단 (짧은뜨기 1코에 2코 늘려뜨기, 짧은뜨기 1코)×6회 (총 18코)

4단 (짧은뜨기 1코, 짧은뜨기 1코에 2코 늘려뜨기, 짧은뜨기 1코)×6회 (총 24코)

5단 (짧은뜨기 1코에 2코 늘려뜨기, 짧은뜨기 3코)×6회 (총 30코)

6단 (짧은뜨기 2코, 짧은뜨기 1코에 2코 늘려뜨기, 짧은뜨기 2코)×6회 (총 36코)

7단 (짧은뜨기 1코에 2코 늘려뜨기, 짧은뜨기 5코)×6회 (총 42코)

8단 (짧은뜨기 3코, 짧은뜨기 1코에 2코 늘려뜨기, 짧은뜨기 3코)×6회 (총 48코)

9단 (짧은뜨기 1코에 2코 늘려뜨기, 짧은뜨기 7코)×6회 (총 54코)

10단 (짧은뜨기 4코, 짧은뜨기 1코에 2코 늘려뜨기, 짧은뜨기 4코)×6회 (총 60코)

11단 (짧은뜨기 1코에 2코 늘려뜨기, 짧은뜨기 9코)×6회 (총 66코)

12단 짧은뜨기 66코를 뜬다.

13단 (짧은뜨기 5코, 짧은뜨기 1코에 2코 늘려뜨기, 짧은뜨기 5코)×6회 (총 72코)

14단 (짧은뜨기 1코에 2코 늘려뜨기, 짧은뜨기 11코)×6회 (총 78코)

15단~19단 짧은뜨기를 78코, 5단을 뜬다.

20단 짧은뜨기 5코 뜨고, 짧은뜨기 2코 모아뜨기, 짧은뜨기 64코, 짧은뜨기 2코 모아뜨기, 짧은뜨기 5코를 뜬 후 처음 시작코에 빼뜨기를 한다. (총 76코)

21단 기둥코 3코를 뜨고, (한길긴뜨기 2코·1코 교차뜨기, 한길긴뜨기 1코)×18회, 한길긴뜨기 2코·1코 교차뜨기를 한 후 빼뜨기로 연결한다.

22단 기둥코 1코를 뜬 후 짧은뜨기 76코를 뜨고 빼뜨기로 연결한다.

23단 기둥코 3코를 뜨고 한길긴뜨기 1코·1코 교차뜨기, (한길긴뜨기 1코, 한길긴뜨기 2코·1코 교차뜨기)×18회, 한길긴뜨기 1코를 뜬 후 빼뜨기로 연결한다.

24단~26단 기둥코 없이 짧은뜨기 76코, 3단을 뜬다.

모자 창 뜨기

27단 (짧은뜨기 8코, 짧은뜨기 1코에 2코 늘려뜨기, 짧은뜨기 9코, 짧은뜨기 1코에 2코 늘려뜨기)×4회 (총 84코)

28단 짧은뜨기 5코, 짧은뜨기 1코에 2코 늘려뜨기, (짧은뜨기 10코, 짧은뜨기 1코에 2코 늘려뜨기, 짧은뜨기 9코, 짧은뜨기 1코에 2코 늘려뜨기)×3회, 짧은뜨기 10코, 짧은뜨기 1코에 2코 늘려뜨기, 짧은뜨기 4코를 뜬다. (총 92코)

29단 (짧은뜨기 10코, 짧은뜨기 1코에 2코 늘려뜨기, 짧은뜨기 11코, 짧은뜨기 1코에 2코 늘려뜨기)×4회 (총 100코)

30단 짧은뜨기 100코를 뜬다.

31단 짧은뜨기 19코, 짧은뜨기 1코에 2코 늘려뜨기, (짧은뜨기 24코, 짧은뜨기 1코에 2코 늘려뜨기)×3회, 짧은뜨기 5코를 뜬다. (총 104코)

32단 짧은뜨기 104코를 뜬다.

33단 (짧은뜨기 25코, 짧은뜨기 1코에 2코 늘려뜨기)×4회 (총 108코)

34단 짧은뜨기 108코를 뜬다.

35단 빼뜨기 이랑뜨기, (사슬2코, 빼뜨기 이랑뜨기 2코)×53회, 사슬뜨기 2코, 빼뜨기 이랑뜨기 1코를 뜬 후 첫 코에 빼뜨기로 마무리한다.

모자 탑 부분 뜨기 - 엄마용

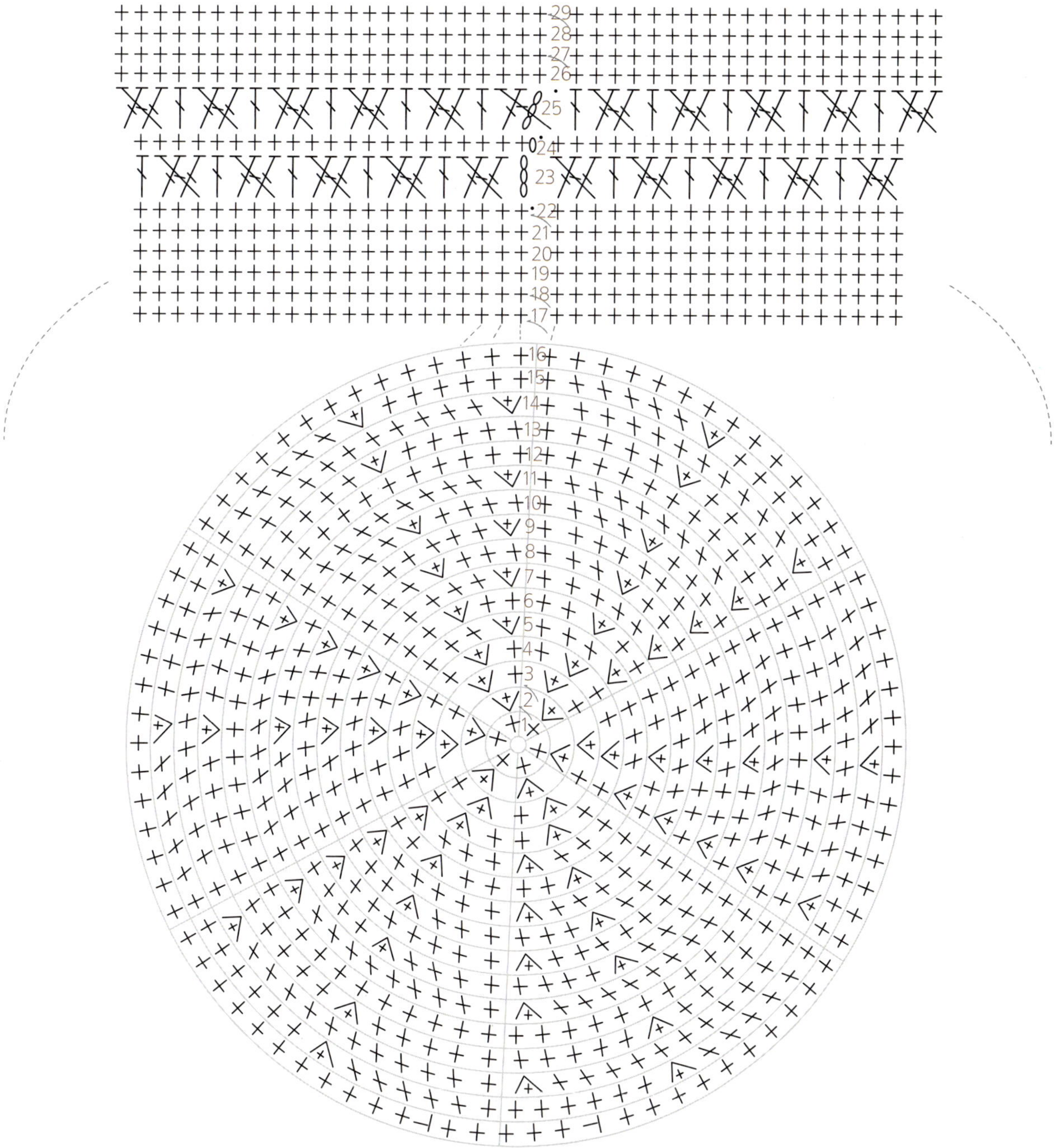

•	빼뜨기	0	사슬뜨기	+	짧은뜨기	⊻	짧은뜨기 1코에 2코 늘려뜨기
T	긴뜨기	⊺	한길긴뜨기	∺	빼뜨기 이랑뜨기	⋏	짧은뜨기 2코 모아뜨기

모자 탑 부분 뜨기 - 아이용

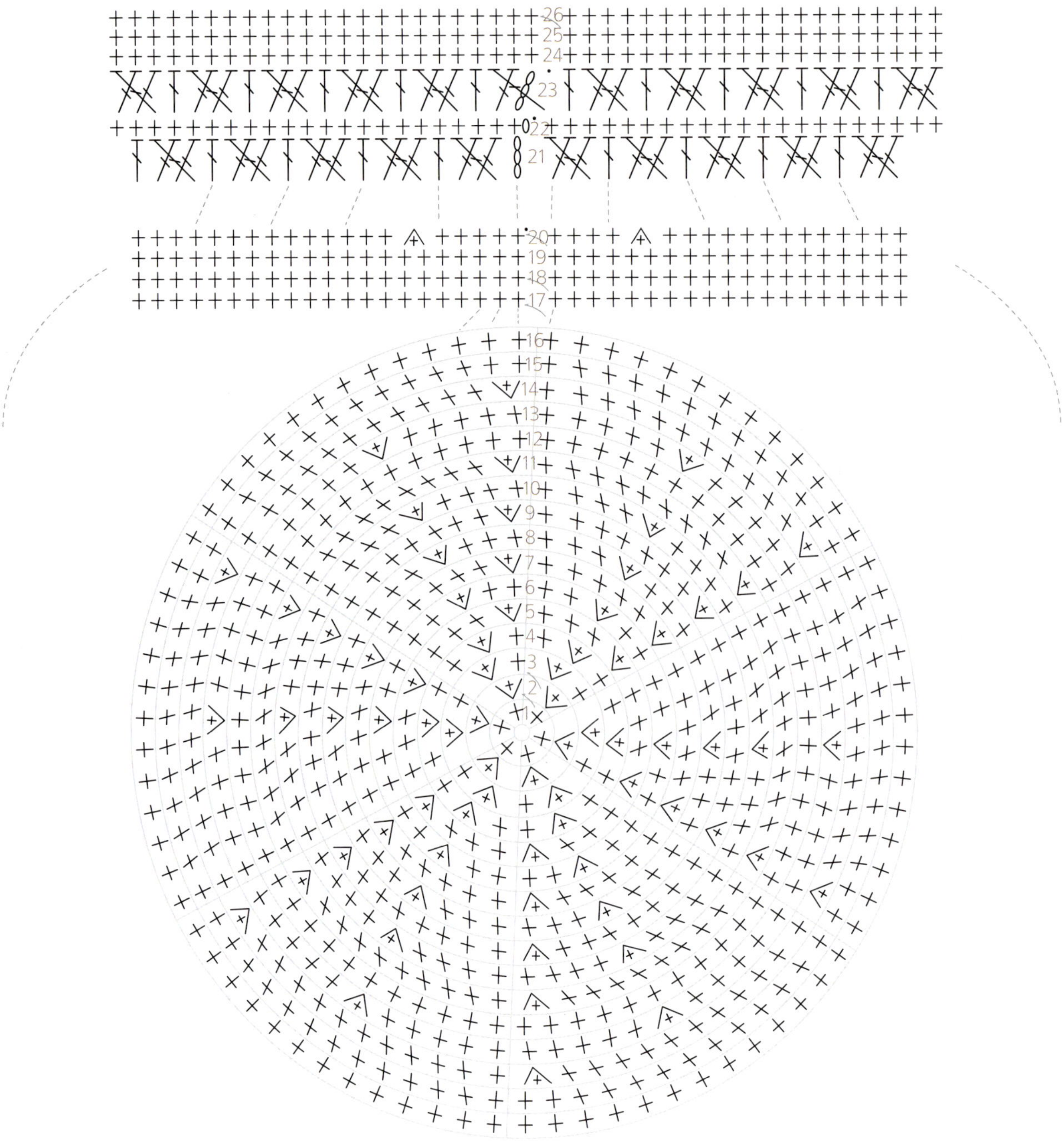

•	빼뜨기	0	사슬뜨기	+	짧은뜨기	∨+	짧은뜨기 1코에 2코 늘려뜨기
T	긴뜨기	∫	한길긴뜨기	∸	빼뜨기 이랑뜨기	⋏	짧은뜨기 2코 모아뜨기

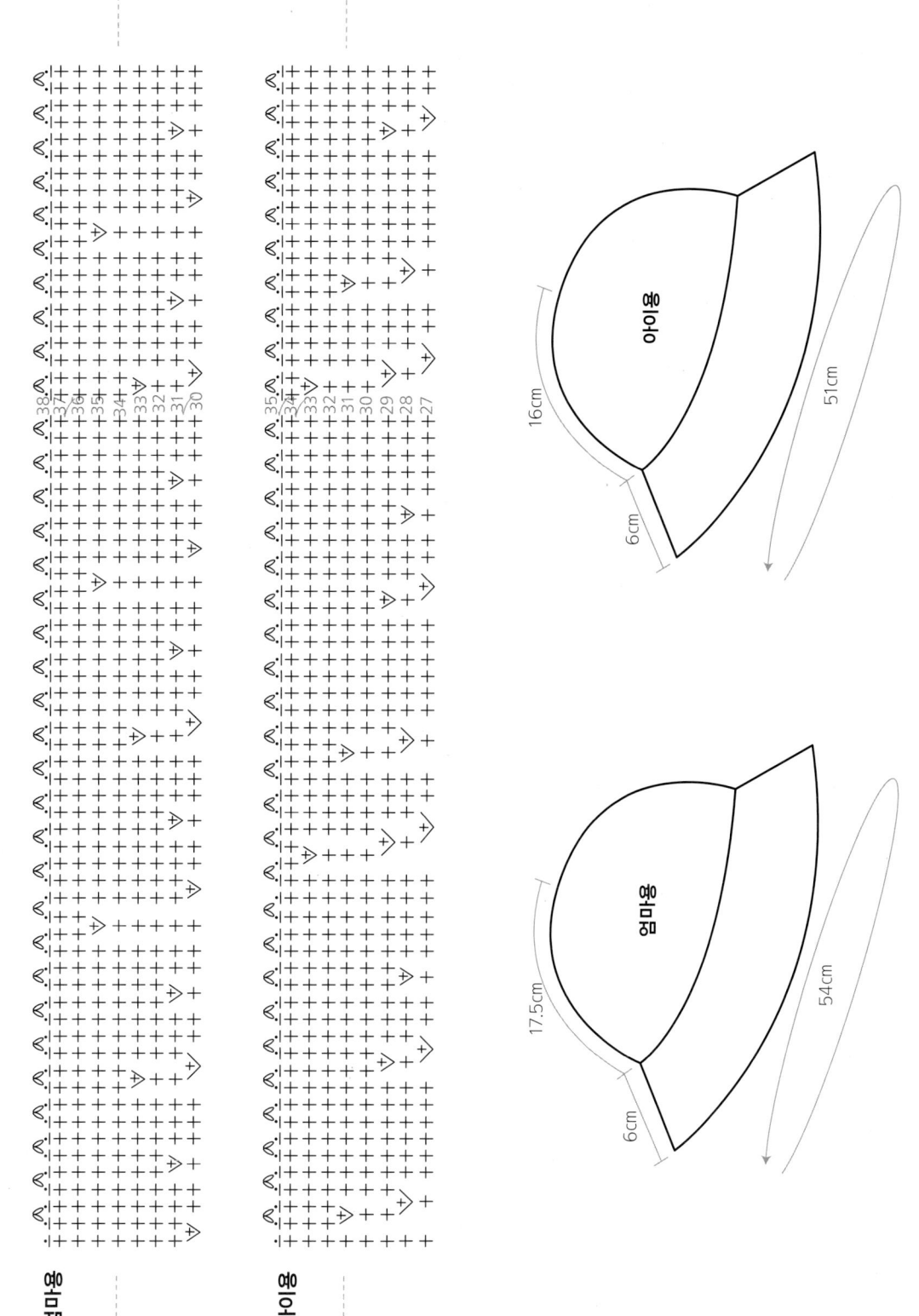

모자 챙 뜨기

몸이용

아이용

알로하 심플 보닛햇

난이도 ★★☆

햇볕을 가려주는 챙이 넓은 보닛 스타일의 모자예요.
원형 늘림 기법으로 늘려가며 떠 주어 편안한 착용감을 줍니다.
또한 뒤트임을 주어 묶음 머리에도 쓸 수 있어요.

◇ 크기　　　엄마 – 머리둘레 약 56㎝, 아이 – 머리둘레 약 52㎝
◇ 준비물　　모사용 코바늘 6/0호, 돗바늘, 장식용 레이스 리본 160㎝
◇ 사용한 실　알로하 – 샌드베이지색(43번) 110g, 인디핑크색(34번) 90g

HOW TO MAKE　원형 늘림의 방법으로 위에서부터 떠 내려오며 뜬 모자입니다.

엄마용

보닛 탑 부분 뜨기

코바늘 6/0호를 사용하여 원형코를 만든다.

1단 짧은뜨기로 6코를 뜬다. (총 6코)

2단 짧은뜨기 1코에 2코 늘려뜨기×6회 (총 12코)

3단 (짧은뜨기 1코에 2코 늘려뜨기, 짧은뜨기 1코)×6회 (총 18코)

4단 (짧은뜨기 1코, 짧은뜨기 1코에 2코 늘려뜨기, 짧은뜨기 1코)×6회 (총 24코)

5단 (짧은뜨기 1코에 2코 늘려뜨기, 짧은뜨기 3코)×6회 (총 30코)

6단 (짧은뜨기 2코, 짧은뜨기 1코에 2코 늘려뜨기, 짧은뜨기 2코)×6회 (총 36코)

7단 (짧은뜨기 1코에 2코 늘려뜨기, 짧은뜨기 5코)×6회 (총 42코)

8단 (짧은뜨기 3코, 짧은뜨기 1코에 2코 늘려뜨기, 짧은뜨기 3코)×6회 (총 48코)

9단 (짧은뜨기 1코에 2코 늘려뜨기, 짧은뜨기 7코)×6회 (총 54코)

10단 (짧은뜨기 4코, 짧은뜨기 1코에 2코 늘려뜨기, 짧은뜨기 4코)×6회 (총 60코)

11단 (짧은뜨기 1코에 2코 늘려뜨기, 짧은뜨기 9코)×6회 (총 66코)

12단 (짧은뜨기 5코, 짧은뜨기 1코에 2코 늘려뜨기, 짧은뜨기 5코)×6회 (총 72코)

13단 짧은뜨기 72코를 뜬다.

14단 (짧은뜨기 1코에 2코 늘려뜨기, 짧은뜨기 11코)×6회 (총 78코)

15단 (짧은뜨기 6코, 짧은뜨기 1코에 2코 늘려뜨기, 짧은뜨기 6코)×6회 (총 84코)

16단 (짧은뜨기 1코에 2코 늘려뜨기, 짧은뜨기 13코)×6회 (총 90코)

17~22단 짧은뜨기 90코, 6단을 뜬다.

22단을 뜨고 첫코에 빼뜨기를 한 후 뜨개판을 뒤로 돌린다.

23단 안쪽 면에서 기둥코 1코를 세우고 짧은뜨기로 85코를 뜬다.

24단~26단 기둥코 1코를 뜨고 짧은뜨기 85코를 3단 뜬다.

27단 기둥코 1코를 뜨고, 짧은뜨기 1코, 짧은뜨기 2코 모아뜨기, 마지막 3코 남을 때까지 짧은뜨기를 뜬다. 짧은뜨기 2코 모아뜨기, 짧은뜨기 1코를 뜬다. (총 83코)

28단~30단 기둥코 1코를 뜨고, 짧은뜨기 83코를 3단 뜬다.

31단 기둥코 1코를 뜨고, 짧은뜨기 1코, 짧은뜨기 2코 모아뜨기, 마지막 3코 남을 때까지 짧은뜨기로 뜬다. 짧은뜨기 2코 모아뜨기, 짧은뜨기 1코를 뜬다. (총 81코)

32단 기둥코 1코를 뜨고, 짧은뜨기 1코, 짧은뜨기 2코 모아뜨기, 마지막 3코 남을 때까지 짧은뜨기를 뜬다. 짧은뜨기 2코 모아뜨기, 짧은뜨기 1코를 뜬다. (총 79코)

33단 기둥코 1코를 뜨고, 짧은뜨기 79코를 1단 뜬다.

보닛 챙 뜨기

34단 기둥코 1코 뜨고, 짧은뜨기 6코, (짧은뜨기 1코에 2코 늘려뜨기, 짧은뜨기 10코)×6회, 짧은뜨기 1코에 2코 늘려뜨기, 짧은뜨기 6코를 뜬다. (총 86코)

35단 기둥코 1코 뜨고, 짧은뜨기 12코, (짧은뜨기 1코에 2코 늘려뜨기, 짧은뜨기 11코)×6회, 짧은뜨기 2코를 뜬다. (총 92코)

36단 기둥코 1코를 뜨고, 짧은뜨기 92코를 뜬다.

37단 기둥코 1코 뜨고, 짧은뜨기 7코, (짧은뜨기 1코에 2코 늘려뜨기, 짧은뜨기 12코)×6회, 짧은뜨기 1코에 2코 늘려뜨기, 짧은뜨기 6코를 뜬다. (총 99코)

38단 기둥코 1코 뜨고, 짧은뜨기 14코, (짧은뜨기 1코에 2코 늘려뜨기, 짧은뜨기 13코)×6회, 짧은뜨기 1코를 뜬다. (총 105코)

39단 기둥코 1코를 뜨고, 짧은뜨기 105코를 뜬다.

40단 기둥코 1코 뜨고, 짧은뜨기 7코, (짧은뜨기 1코에 2코 늘려뜨기, 짧은뜨기 14코)×6회, 짧은뜨기 1코에 2코 늘려뜨기, 짧은뜨기 7코를 뜬다. (총 112코)

41단 기둥코 1코 뜨고, 짧은뜨기 15코, (짧은뜨기 1코에 2코 늘려뜨기, 짧은뜨기 15코)×6회, 짧은뜨기 1코를 뜬다. (총 118코)

42~43단	기둥코 1코를 뜨고, 짧은뜨기 118코를 2단 뜬다.
44단	기둥코 1코를 뜨고, 짧은뜨기 10코, 긴뜨기 98코, 짧은뜨기 10코를 뜬다.
45단	기둥코 1코를 뜨고, 짧은뜨기 1코, 짧은뜨기 2코 모아뜨기, 마지막 3코 남을 때까지 짧은뜨기, 짧은뜨기 2코 모아뜨기, 짧은뜨기 1코를 뜬다. (총 116코)
46단	기둥코 1코를 뜨고, 짧은뜨기 1코, 짧은뜨기 2코 모아뜨기, 짧은뜨기 18코, 긴뜨기 74코, 짧은뜨기 18코, 짧은뜨기 2코 모아뜨기, 짧은뜨기 1코를 뜬다. (총 114코)
47단	기둥코 1코를 뜨고 짧은뜨기 1코, 짧은뜨기 2코 모아뜨기, 마지막 3코 남을 때까지 짧은뜨기, 짧은뜨기 2코 모아뜨기, 짧은뜨기 1코를 뜬다. (총 112코)

마무리하기

전체 둘레를 짧은뜨기 1단, 빼뜨기 이랑뜨기 1단으로 뜬다. 레이스 리본을 사진과 같이 뒤쪽에 꿰어준다.

TIP

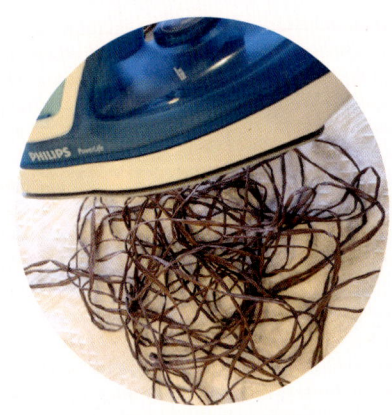

알로하 실 같은 비스코스 레이온사(비닐 느낌) 종류의 실은 떴다가 풀었을 때 구김이 많이 생겨요. 그 상태로 다시 뜨면 뜨개 조직의 모양이 고르게 나오지 않는답니다. 이럴 때는 스팀다리미로 스팀만 살짝 주어도 거의 원래 상태로 돌아와요!

아이용

보닛 탑 부분 뜨기

코바늘 6/0호를 사용하여 원형코를 만든다.

1단	짧은뜨기로 6코를 뜬다.
2단	짧은뜨기 1코에 2코 늘려뜨기 ×6회 (총 12코)
3단	(짧은뜨기 1코에 2코 늘려뜨기, 짧은뜨기 1코)×6회 (총 18코)
4단	(짧은뜨기 1코, 짧은뜨기 1코에 2코 늘려뜨기, 짧은뜨기 1코)×6회 (총 24코)
5단	(짧은뜨기 1코에 2코 늘려뜨기, 짧은뜨기 3코)×6회 (총 30코)
6단	(짧은뜨기 2코, 짧은뜨기 1코에 2코 늘려뜨기, 짧은뜨기 2코)×6회 (총 36코)
7단	(짧은뜨기 1코에 2코 늘려뜨기, 짧은뜨기 5코)×6회 (총 42코)
8단	(짧은뜨기 3코, 짧은뜨기 1코에 2코 늘려뜨기, 짧은뜨기 3코)×6회 (총 48코)
9단	(짧은뜨기 1코에 2코 늘려뜨기, 짧은뜨기 7코)×6회 (총 54코)
10단	(짧은뜨기 4코, 짧은뜨기 1코에 2코 늘려뜨기, 짧은뜨기 4코)×6회 (총 60코)
11단	(짧은뜨기 1코에 2코 늘려뜨기, 짧은뜨기 9코)×6회 (총 66코)
12단	(짧은뜨기 5코, 짧은뜨기 1코에 2코 늘려뜨기, 짧은뜨기 5코)×6회 (총 72코)
13단	짧은뜨기 72코를 뜬다.
14단	(짧은뜨기 1코에 2코 늘려뜨기, 짧은뜨기 11코)×6회 (총 78코)
15단	(짧은뜨기 6코, 짧은뜨기 1코에 2코 늘려뜨기, 짧은뜨기 6코)×6회 (총 84코)
16~20단	짧은뜨기 84코를 5단 뜬다.

20단을 뜨고 첫코에 빼뜨기를 한 후 뜨개판을 뒤로 돌린다.

21단	안쪽 면에서 기둥코 1코를 세우고 짧은뜨기로 81코를 뜬다.
22단~24단	기둥코 1코를 뜨고, 짧은뜨기 81코를 3단 뜬다.

25단	기둥코 1코를 뜨고, 짧은뜨기 1코, 짧은뜨기 2코 모아뜨기, 마지막 3코 남을 때까지 짧은뜨기를 뜬다. 짧은뜨기 2코 모아뜨기, 짧은뜨기 1코를 뜬다. (총 79코)
26단~28단	기둥코 1코를 뜨고, 짧은뜨기 79코를 3단 뜬다.
29단	기둥코 1코를 뜨고, 짧은뜨기 1코, 짧은뜨기 2코 모아뜨기, 마지막 3코 남을 때까지 짧은뜨기로 뜬다. 짧은뜨기 2코 모아뜨기, 짧은뜨기 1코를 뜬다. (총 77코)
30단	기둥코 1코를 뜨고, 짧은뜨기 1코, 짧은뜨기 2코 모아뜨기, 마지막 3코 남을 때까지 짧은뜨기를 뜬다. 짧은뜨기 2코 모아뜨기, 짧은뜨기 1코를 뜬다. (총 75코)
31단	기둥코 1코를 뜨고, 짧은뜨기 75코를 1단 뜬다.

보닛 챙 뜨기

32단	기둥코 1코를 뜨고, 짧은뜨기 4코, (짧은뜨기 1코에 2코 늘려뜨기, 짧은뜨기 10코)×6회, 짧은뜨기 1코에 2코 늘려뜨기, 짧은뜨기 4코를 뜬다. (총 82코)
33단	기둥코 1코를 뜨고, 짧은뜨기 10코, (짧은뜨기 1코에 2코 늘려뜨기, 짧은뜨기 11코)×6회를 뜬다. (총 88코)
34단	기둥코 1코를 뜨고, 짧은뜨기 88코를 뜬다.
35단	기둥코 1코를 뜨고, 짧은뜨기 5코, (짧은뜨기 1코에 2코 늘려뜨기, 짧은뜨기 12코)×6회, 짧은뜨기 1코에 2코 늘려뜨기, 짧은뜨기 4코를 뜬다. (총 95코)
36단	기둥코 1코를 뜨고, 짧은뜨기 12코, (짧은뜨기 1코에 2코 늘려뜨기, 짧은뜨기 13코)×5회, (짧은뜨기 1코에 2코 늘려뜨기) 짧은뜨기 12코를 뜬다. (총 101코)
37단	기둥코 1코를 뜨고, 짧은뜨기 101코를 뜬다.
38단	기둥코 1코를 뜨고, 짧은뜨기 5코, (짧은뜨기 1코에 2코 늘려뜨기, 짧은뜨기 14코)×6회, 짧은뜨기 1코에 2코 늘려뜨기, 짧은뜨기 5코를 뜬다. (총 108코)
39단	기둥코 1코를 뜨고, 짧은뜨기 13코, (짧은뜨기 1코에 2코 늘려뜨기, 짧은뜨기15코)×5회, 짧은뜨기 1코에 2코 늘려뜨기, 짧은뜨기 14코를 뜬다. (총 114코)
40~41단	기둥코 1코를 뜨고, 짧은뜨기 114코를 2단 뜬다.
42단	기둥코 1코를 뜨고, 짧은뜨기 10코, 긴뜨기 94코, 짧은뜨기 10코를 뜬다.

43단	기둥코 1코를 뜨고 짧은뜨기 1코, 짧은뜨기 2코 모아뜨기, 마지막 3코 남을 때까지 짧은뜨기, 짧은뜨기 2코 모아뜨기, 짧은뜨기 1코를 뜬다. (총 112코)
44단	기둥코 1코를 뜨고, 짧은뜨기 1코, 짧은뜨기 2코 모아뜨기, 짧은뜨기 18코, 긴뜨기 70코, 짧은뜨기 18코, 짧은뜨기 2코 모아뜨기, 짧은뜨기 1코를 뜬다. (총 110코)
45단	기둥코 1코를 뜨고, 짧은뜨기 1코, 짧은뜨기 2코 모아뜨기, 마지막 3코 남을 때까지 짧은뜨기, 짧은뜨기 2코 모아뜨기, 짧은뜨기 1코를 뜬다. (총 108코)

마무리하기

전체 둘레를 짧은뜨기 1단, 빼뜨기 이랑뜨기 1단으로 뜬다. 레이스 리본을 사진과 같이 뒤쪽에 꿰어준다.

보닛 탑 부분 뜨기 - 엄마용

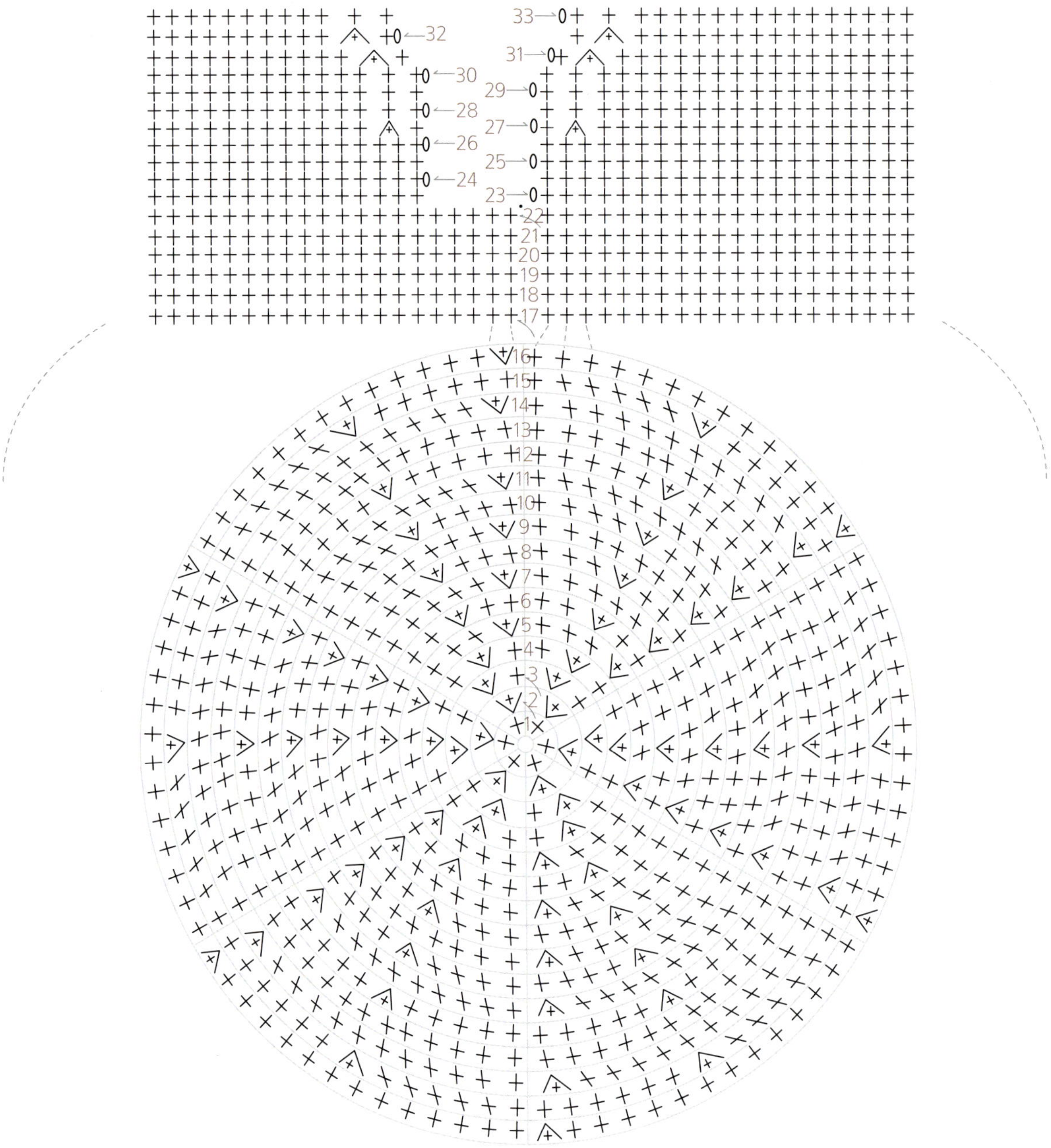

	빼뜨기	0	사슬뜨기	+	짧은뜨기	T	긴뜨기
∴	빼뜨기 이랑뜨기	⋁	짧은뜨기 1코에 2코 늘려뜨기	⋏	짧은뜨기 2코 모아뜨기		

보닛 탑 부분 뜨기 - 아이용

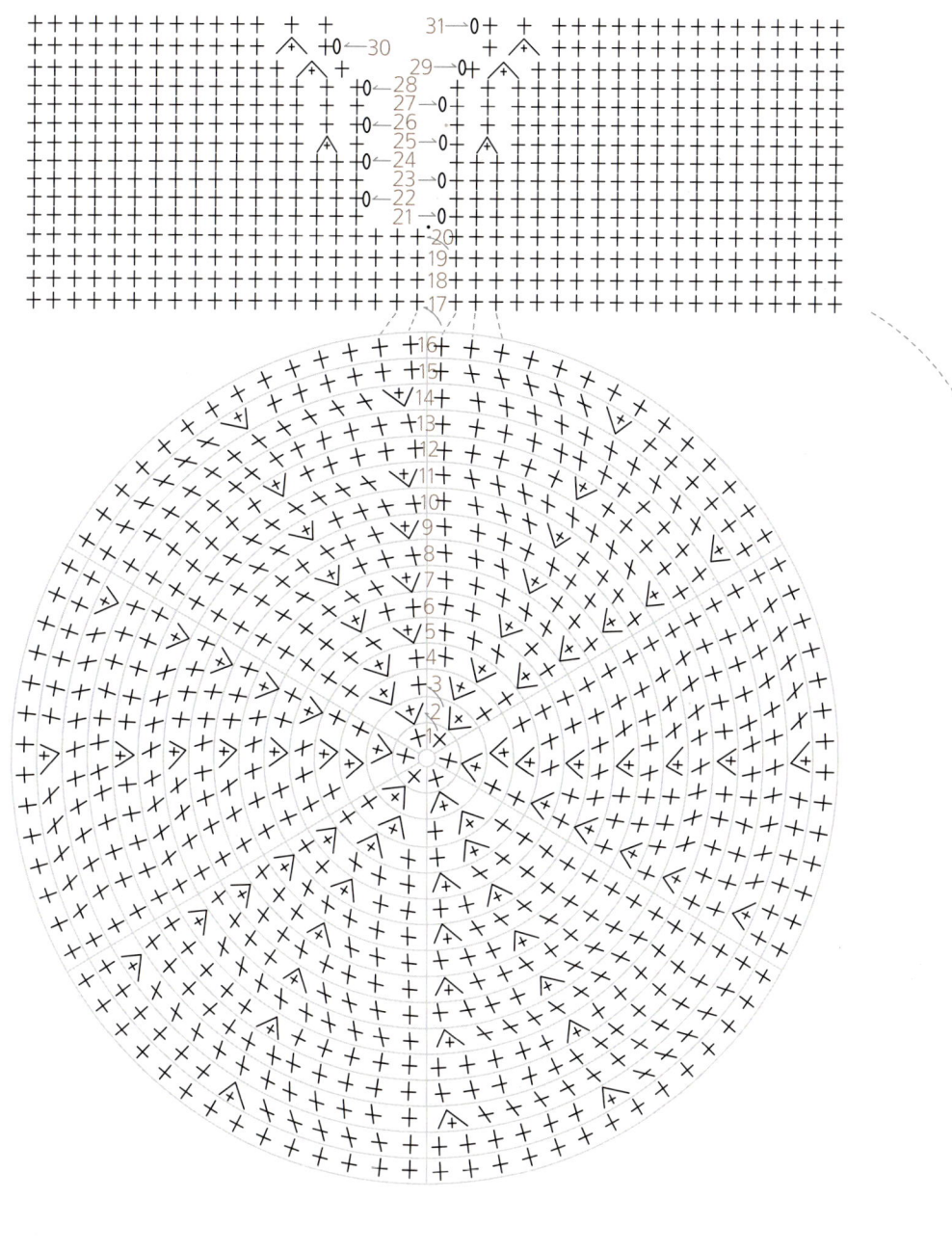

점 빼뜨기	⁰ 사슬뜨기	+ 짧은뜨기	T 긴뜨기
빼뜨기 이랑뜨기	짧은뜨기 1코에 2코 늘려뜨기	짧은뜨기 2코 모아뜨기	

보닛 챙 뜨기

엄마용

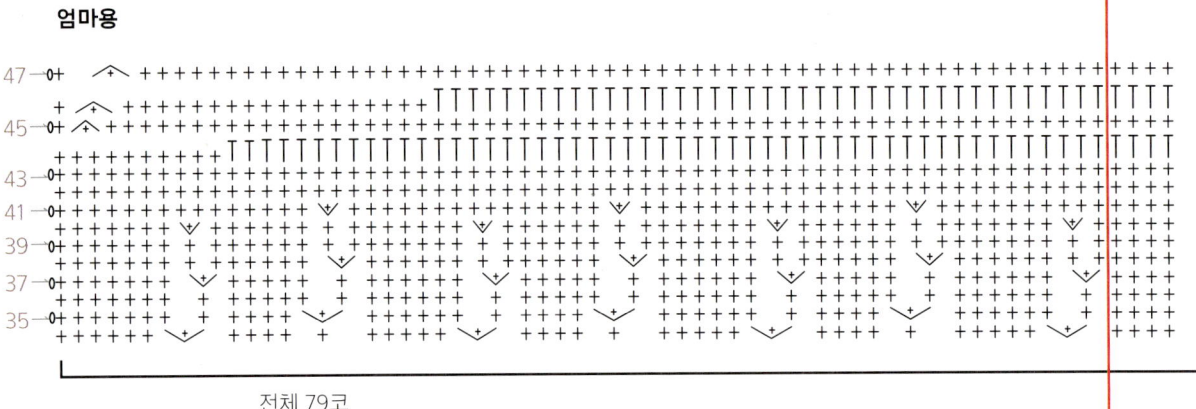

전체 79코

옆장의 빨간선 부분과
붙여서 보세요.

아이용

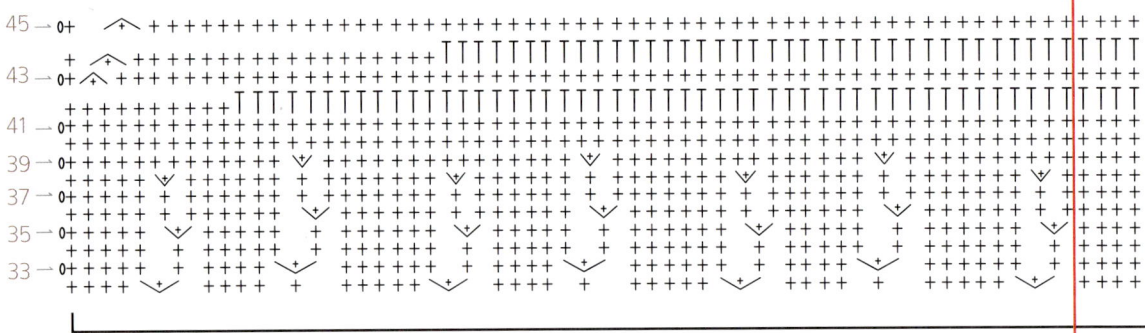

전체 75코

옆장의 빨간선 부분과
붙여서 보세요.

마무리하기

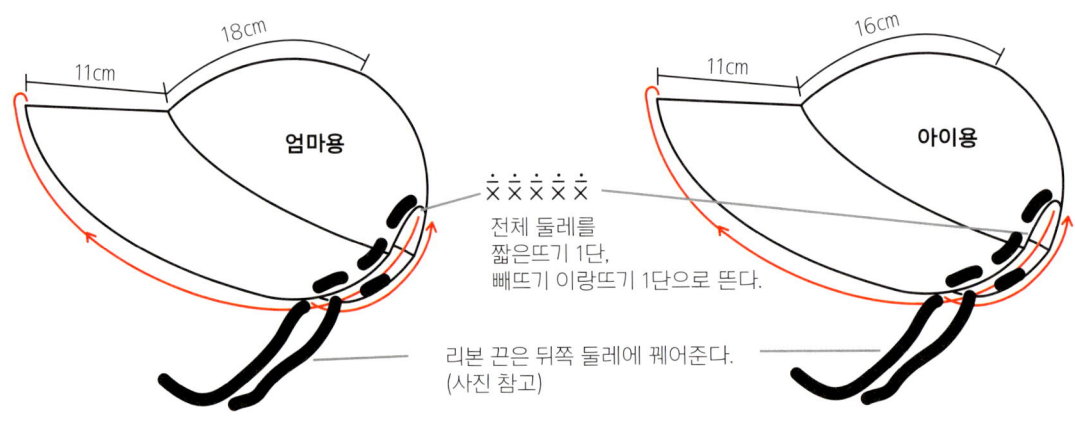

18cm

11cm

엄마용

16cm

11cm

아이용

ⅩⅩⅩⅩⅩ

전체 둘레를
짧은뜨기 1단,
빼뜨기 이랑뜨기 1단으로 뜬다.

리본 끈은 뒤쪽 둘레에 꿰어준다.
(사진 참고)

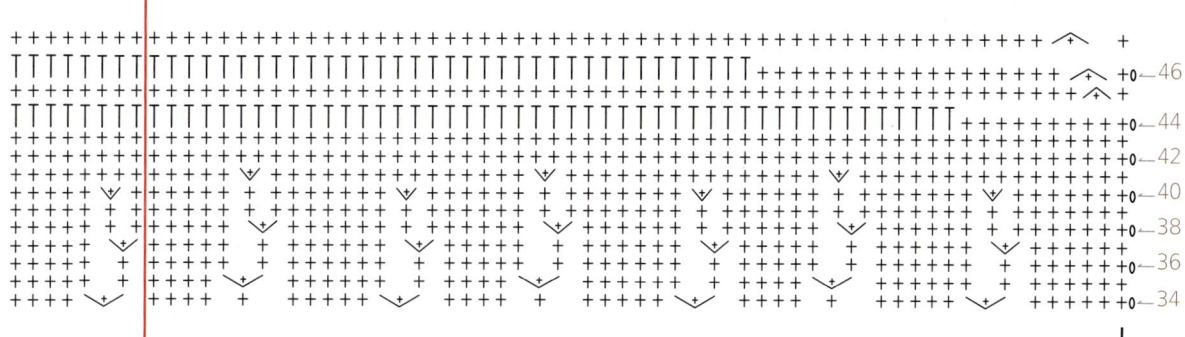

옆장의 빨간선 부분과
붙여서 보세요.

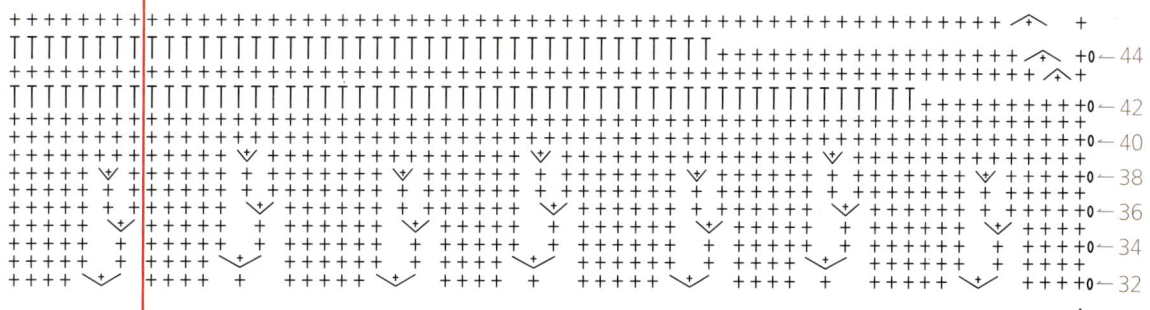

옆장의 빨간선 부분과
붙여서 보세요.

리본 장식
챙모자

난이도 ★★☆

원형 늘림 기법으로 늘려가며 뜨고,
헤링본 기법을 넣어 심심하지 않도록 배색에 포인트를 주었어요.
뒤트임을 주고, 리본 장식을 달아 여성스러움을 강조한 모자입니다.

◇ 크기   엄마 – 머리둘레 약 56㎝, 아이 – 머리둘레 약 52㎝
◇ 준비물   모사용 코바늘 6/0호, 돗바늘, 장식용 레이스 리본 160㎝
◇ 사용한 실   (엄마용) 알로하 – 아이보리색(41번) 90g, 브라운색(48번) 15g
             (아이용) 알로하 – 아이보리색(41번) 80g, 브라운색(48번) 15g

HOW TO MAKE 원형 늘림의 방법으로 위에서부터 떠 내려오며 뜬 모자입니다. 헤링본 기법을 배울 수 있습니다.

▶ 헤링본 기법

엄마용

모자 탑 부분 뜨기

코바늘 6/0호를 사용하여 아이보리색 실로 원형코를 만든다.

1단 기둥코 1코를 뜨고, 짧은뜨기로 6코를 뜬 후 빼뜨기로 연결한다.

2단 기둥코 1코를 뜨고, 짧은뜨기 1코에 2코씩을 떠서 12코를 뜬 후 빼뜨기로 연결한다. (총 12코)

3단 기둥코 1코를 뜨고, (짧은뜨기 1코, 짧은뜨기 1코에 2코 늘려뜨기)×6회를 뜬 후 빼뜨기로 연결한다. (총 18코)

4단 기둥코 1코를 뜨고, (짧은뜨기 1코, 짧은뜨기 1코에 2코 늘려뜨기, 짧은뜨기 1코)×6회를 뜬 후 빼뜨기로 연결한다. (총 24코)

5단 기둥코 1코를 뜨고, (짧은뜨기 1코에 2코 늘려뜨기, 짧은뜨기 3코)×6회를 뜬 후 빼뜨기로 연결한다. (총 30코)

6단 기둥코 1코를 뜨고, (짧은뜨기 2코, 짧은뜨기 1코에 2코 늘려뜨기, 짧은뜨기 2코)×6회를 뜬 후 빼뜨기로 연결한다. (총 36코)

7단 기둥코 1코를 뜨고, (짧은뜨기 1코에 2코 늘려뜨기, 짧은뜨기 5코)×6회를 뜬 후 빼뜨기로 연결한다. (총 42코)

8단 기둥코 1코를 뜨고, (짧은뜨기 3코, 짧은뜨기 1코에 2코 늘려뜨기, 짧은뜨기 3코)×6회를 뜬 후 빼뜨기로 연결한다. (총 48코)

9단 기둥코 1코를 뜨고, (짧은뜨기 1코에 2코 늘려뜨기, 짧은뜨기 7코)×6회를 뜬 후 빼뜨기로 연결한다. (총 54코)

10단 기둥코 1코를 뜨고, (짧은뜨기 4코, 짧은뜨기 1코에 2코 늘려뜨기, 짧은뜨기 4코)×6회를 뜬 후 빼뜨기로 연결한다. (총 60코)

11단 기둥코 1코를 뜨고, (짧은뜨기 1코에 2코 늘려뜨기, 짧은뜨기 9코)×6회를 뜬 후 빼뜨기로 연결한다. (총 66코)

12단 기둥코 1코를 뜨고, (짧은뜨기 5코, 짧은뜨기 1코에 2코 늘려뜨기, 짧은뜨기 5코)×6회를 뜬 후 빼뜨기로 연결한다. (총 72코)

13단 기둥코 1코를 뜨고, (짧은뜨기 1코에 2코 늘려뜨기, 짧은뜨기 11코)×6회를 뜬 후 빼뜨기로 연결한다. (총 78코)

14단 기둥코 1코를 뜨고, 짧은뜨기로 78코를 뜬 후 빼뜨기로 연결한다.

15단 기둥코 1코를 뜨고, (짧은뜨기 6코, 짧은뜨기 1코에 2코 늘려뜨기, 짧은뜨기 6코)×6회를 뜬 후 빼뜨기로 연결한다. (총 84코)

16단 기둥코 1코를 뜨고, (짧은뜨기 1코에 2코 늘려뜨기, 짧은뜨기 13코)×6회를 뜬 후 빼뜨기로 연결한다. (총 90코)

17단 기둥코 1코를 뜨고, 짧은뜨기로 90코를 뜬 후 빼뜨기로 연결한다.

18단 기둥코 1코를 뜨고, (짧은뜨기 7코, 짧은뜨기 1코에 2코 늘려뜨기, 짧은뜨기 7코)×6회를 뜬 후 빼뜨기로 연결한다. (총 96코)

19단 기둥코 1코를 뜨고, (짧은뜨기 1코에 2코 늘려뜨기, 짧은뜨기 15코)×6회를 뜬 후 빼뜨기로 연결한다. (총 102코)

20단~26단 기둥코 1코를 뜨고, 짧은뜨기 102코를 뜬 후 빼뜨기로 연결한다. (총 7단을 뜬다)

브라운색으로 실을 바꿔서

27단 기둥코 1코를 뜨고, 짧은뜨기 102코를 뜬 후 빼뜨기로 연결한다.

28단 기둥코 1코를 뜨고, 헤링본 이랑뜨기로 102코를 뜬 후 빼뜨기로 연결한다.

29단 기둥코 1코를 뜨고, 짧은뜨기 102코를 뜬 후 빼뜨기로 연결한다.

30단 기둥코 1코를 뜨고, 헤링본 이랑뜨기로 102코를 뜬 후 빼뜨기로 연결한다.

31단 기둥코 1코를 뜨고, 짧은뜨기 3코를 뜬 후 사슬뜨기 1코, 4코가 남을 때까지 짧은뜨기 94코를 뜬 후, 사슬뜨기 1코, 짧은뜨기 3코를 뜨고 빼뜨기로 연결한다.

32단 기둥코 1코를 뜨고, 헤링본 이랑뜨기로 102코를 뜬 후 빼뜨기로 연결한다.

33단 기둥코 1코를 뜨고, 짧은뜨기 102코를 뜬 후 빼뜨기로 연결한다.

실을 잘라낸다.

모자 챙 뜨기

다시 아이보리색 실로 바꿔서

34단 기둥코 1코를 뜨고, 짧은뜨기 2코, (짧은뜨기 1코에 2코 늘

려뜨기, 짧은뜨기 6코)×13회, 짧은뜨기 1코에 2코 늘려뜨기, 짧은뜨기 2코를 뜬다. (총 110코)

35단~37단　기둥코 1코를 뜨고, 짧은뜨기 2코 모아뜨기, 끝에 2코가 남을 때까지 짧은뜨기, 짧은뜨기 2코 모아뜨기를 뜬다. (총 3단: 35단(108코), 36단(106코), 37단(104코))

38단　기둥코 1코를 뜨고, 짧은뜨기 2코 모아뜨기, 짧은뜨기 10코, (짧은뜨기 1코에 2코 늘려뜨기, 짧은뜨기 7코)×10회, 짧은뜨기 1코에 2코 늘려뜨기, 짧은뜨기 9코, 짧은뜨기 2코 모아뜨기를 뜬다. (총 113코)

39단~41단　기둥코 1코를 뜨고, 짧은뜨기 2코 모아뜨기, 끝에 2코가 남을 때까지 짧은뜨기, 짧은뜨기 2코 모아뜨기를 뜬다. (총 3단: 39단(111코), 40단(109코), 41단(107코))

42단　기둥코 1코를 뜨고, 짧은뜨기 2코 모아뜨기, 짧은뜨기 10코, 긴뜨기 83코, 짧은뜨기 10코, 짧은뜨기 2코 모아뜨기를 뜬다. (총 105코)

43단　기둥코 1코를 뜨고, 짧은뜨기 2코 모아뜨기, 끝에 2코가 남을 때까지 짧은뜨기, 짧은뜨기 2코 모아뜨기를 뜬다. (총 103코)

44단　기둥코 1코를 뜨고, 짧은뜨기 2코 모아뜨기, 짧은뜨기 15코, 긴뜨기 69코, 짧은뜨기 15코, 짧은뜨기 2코 모아뜨기를 뜬다. (총 101코)

45단　기둥코 1코를 뜨고, 짧은뜨기 2코 모아뜨기, 끝에 2코가 남을 때까지 짧은뜨기, 짧은뜨기 2코 모아뜨기를 뜬다. (총 99코)

실을 잘라낸다.

테두리 단 뜨기

도안의 표시된 부분에 새 실을 걸어 (파란색 기호 부분)

46단　기둥코 1코를 뜨고, 도안을 따라 모자 둘레에 짧은뜨기 1단을 뜬 후 빼뜨기로 연결한다.

47단　기둥코 1코를 뜨고, 46단을 뜬 코에 긴 짧은뜨기 1단을 뜬 후 빼뜨기로 연결한다.

48단　빼뜨기 이랑뜨기 1단을 떠서 마무리한다.

마무리하기

배색 무늬 사슬 부분의 구멍에 리본을 꿰어 장식한다.

아이용

모자 탑 부분 뜨기

코바늘 6/0호를 사용하여 아이보리색 실로 원형코를 만든다.

1단　기둥코 1코를 뜨고, 짧은뜨기로 6코를 뜬 후 빼뜨기로 연결한다.

2단　기둥코 1코를 뜨고, 짧은뜨기 1코에 2코씩을 떠서 12코를 뜬 후 빼뜨기로 연결한다. (총 12코)

3단　기둥코 1코를 뜨고, (짧은뜨기 1코, 짧은뜨기 1코에 2코 늘려뜨기)×6회를 뜬 후 빼뜨기로 연결한다. (총 18코)

4단　기둥코 1코를 뜨고, (짧은뜨기 1코, 짧은뜨기 1코에 2코 늘려뜨기, 짧은뜨기 1코)×6회를 뜬 후 빼뜨기로 연결한다. (총 24코)

5단　기둥코 1코를 뜨고, (짧은뜨기 1코에 2코 늘려뜨기, 짧은뜨기 3코)×6회를 뜬 후 빼뜨기로 연결한다. (총 30코)

6단　기둥코 1코를 뜨고, (짧은뜨기 2코, 짧은뜨기 1코에 2코 늘려뜨기, 짧은뜨기 2코)×6회를 뜬 후 빼뜨기로 연결한다. (총 36코)

7단　기둥코 1코를 뜨고, (짧은뜨기 1코에 2코 늘려뜨기, 짧은뜨기 5코)×6회를 뜬 후 빼뜨기로 연결한다. (총 42코)

8단　기둥코 1코를 뜨고, (짧은뜨기 3코, 짧은뜨기 1코에 2코 늘려뜨기, 짧은뜨기 3코)×6회를 뜬 후 빼뜨기로 연결한다. (총 48코)

9단　기둥코 1코를 뜨고, (짧은뜨기 1코에 2코 늘려뜨기, 짧은뜨기 7코)×6회를 뜬 후 빼뜨기로 연결한다. (총 54코)

10단　기둥코 1코를 뜨고, (짧은뜨기 4코, 짧은뜨기 1코에 2코 늘려뜨기, 짧은뜨기 4코)×6회를 뜬 후 빼뜨기로 연결한다. (총 60코)

11단　기둥코 1코를 뜨고, (짧은뜨기 1코에 2코 늘려뜨기, 짧은뜨기 9코)×6회를 뜬 후 빼뜨기로 연결한다. (총 66코)

12단　기둥코 1코를 뜨고, 짧은뜨기로 1단을 뜬 후 빼뜨기로 연결한다.

13단　기둥코 1코를 뜨고, (짧은뜨기 5코, 짧은뜨기 1코에 2코 늘려뜨기, 짧은뜨기 5코)×6회를 뜬 후 빼뜨기로 연결한다. (총 72코)

14단　기둥코 1코를 뜨고, (짧은뜨기 1코에 2코 늘려뜨기, 짧은뜨기 11코)×6회를 뜬 후 빼뜨기로 연결한다. (총 78코)

15단　기둥코 1코를 뜨고, 짧은뜨기로 1단을 뜬 후 빼뜨기로 연결한다.

16단　기둥코 1코를 뜨고, (짧은뜨기 6코, 짧은뜨기 1코에 2코 늘

려뜨기, 짧은뜨기 6코)×6회를 뜬 후 빼뜨기로 연결한다. (총 84코)

17단 기둥코 1코를 뜨고, (짧은뜨기 1코에 2코 늘려뜨기, 짧은뜨기 13코)×6회를 뜬 후 빼뜨기로 연결한다. (총 90코)

18단~23단 기둥코 1코를 뜨고, 짧은뜨기 90코를 뜬 후 빼뜨기로 연결한다. (총 7단)

브라운색으로 실을 바꾸어

24단 기둥코 1코를 뜨고, 짧은뜨기 90코를 뜬 후 빼뜨기로 연결한다.

25단 기둥코 1코를 뜨고, 헤링본 이랑뜨기로 90코를 뜬 후 빼뜨기로 연결한다.

26단 기둥코 1코를 뜨고, 짧은뜨기 90코를 뜬 후 빼뜨기로 연결한다.

27단 기둥코 1코를 뜨고, 헤링본 이랑뜨기로 90코를 뜬 후 빼뜨기로 연결한다.

28단 기둥코 1코를 뜨고, 짧은뜨기 3코를 뜬 후 사슬뜨기 1코, 4코가 남을 때까지 짧은뜨기 82코를 뜬 후, 사슬뜨기 1코, 짧은뜨기 3코를 뜨고 빼뜨기로 연결한다.

29단 기둥코 1코를 뜨고, 헤링본 이랑뜨기로 90코를 뜬 후 빼뜨기로 연결한다.

30단 기둥코 1코를 뜨고, 짧은뜨기 90코를 뜬 후 빼뜨기로 연결한다.

실을 잘라낸다.

모자 챙 뜨기

다시 아이보리색 실로 바꿔서

31단 기둥코 1코를 뜨고, 짧은뜨기 4코, (짧은뜨기 1코에 2코 늘려뜨기, 짧은뜨기 5코)×13회, 짧은뜨기 1코에 2코 늘려뜨기, 짧은뜨기 3코를 뜬다. (총 100코)

32단~34단 기둥코 1코를 뜨고, 짧은뜨기 2코 모아뜨기, 끝에 2코가 남을 때까지 짧은뜨기, 짧은뜨기 2코 모아뜨기를 뜬다. (총 3단: 32단(98코), 33단(96코), 34단(94코))

35단 기둥코 1코를 뜨고, 짧은뜨기 2코 모아뜨기, 짧은뜨기 5코, (짧은뜨기 1코에 2코 늘려뜨기, 짧은뜨기 7코)×10회, 짧은뜨기 1코에 2코 늘려뜨기, 짧은뜨기 4코, 짧은뜨기 2코 모아뜨기를 뜬다. (총 103코)

36단~38단 기둥코 1코를 뜨고, 짧은뜨기 2코 모아뜨기, 끝에 2코가 남을 때까지 짧은뜨기, 짧은뜨기 2코 모아뜨기를 뜬다. (총

3단: 36단(101코), 37단(99코), 38단(97코))

39단 기둥코 1코를 뜨고, 짧은뜨기 2코 모아뜨기, 짧은뜨기 10코, 긴뜨기 73코, 짧은뜨기 10코, 짧은뜨기 2코 모아뜨기를 뜬다. (총 95코)

40단 기둥코 1코를 뜨고 짧은뜨기 2코 모아뜨기, 끝에 2코가 남을 때까지 짧은뜨기, 짧은뜨기 2코 모아뜨기를 뜬다. (총 93코)

41단 기둥코 1코를 뜨고, 짧은뜨기 2코 모아뜨기, 짧은뜨기 15코, 긴뜨기 57코, 짧은뜨기 15코, 짧은뜨기 2코 모아뜨기를 뜬다. (총 91코)

42단 기둥코 1코를 뜨고, 짧은뜨기 2코 모아뜨기, 끝에 2코가 남을 때까지 짧은뜨기, 짧은뜨기 2코 모아뜨기를 뜬다. (총 89코)

실을 잘라낸다.

테두리 단 뜨기

도안의 표시된 부분에 새 실을 걸어 (파란색 기호 부분)

43단 기둥코 1코를 뜨고, 도안을 따라 모자 둘레에 짧은뜨기 1단을 뜬 후 빼뜨기로 연결한다.

44단 기둥코 1코를 뜨고, 43단을 뜬 코에 긴 짧은뜨기 1단을 뜬 후 빼뜨기로 연결한다.

45단 빼뜨기 이랑뜨기 1단을 떠서 마무리한다.

마무리하기

배색 무늬 사슬 부분의 구멍에 리본을 꿰어 장식한다.

•	빼뜨기
O	사슬뜨기
+	짧은뜨기
↗	짧은뜨기 1코에 2코늘려뜨기

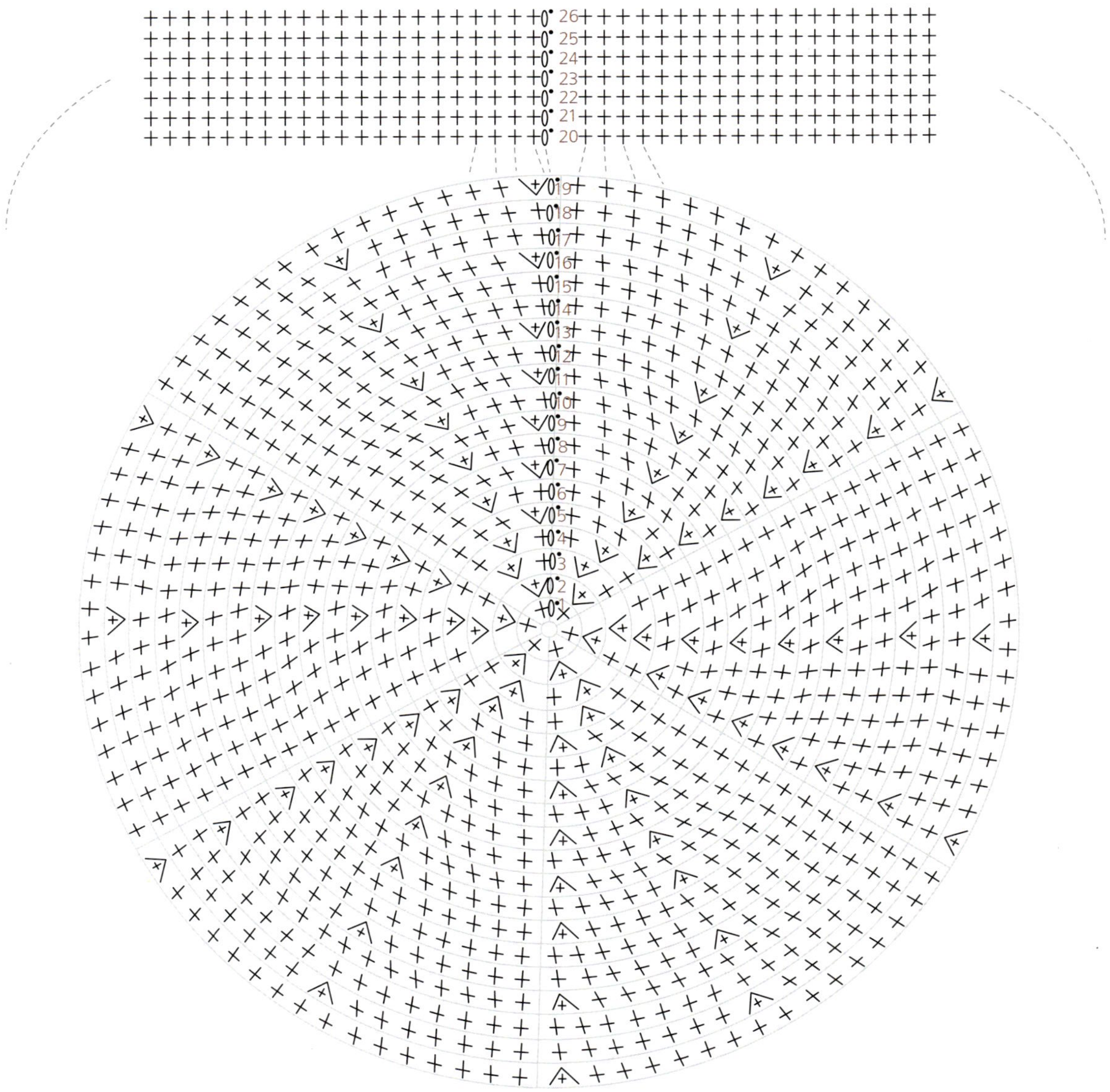

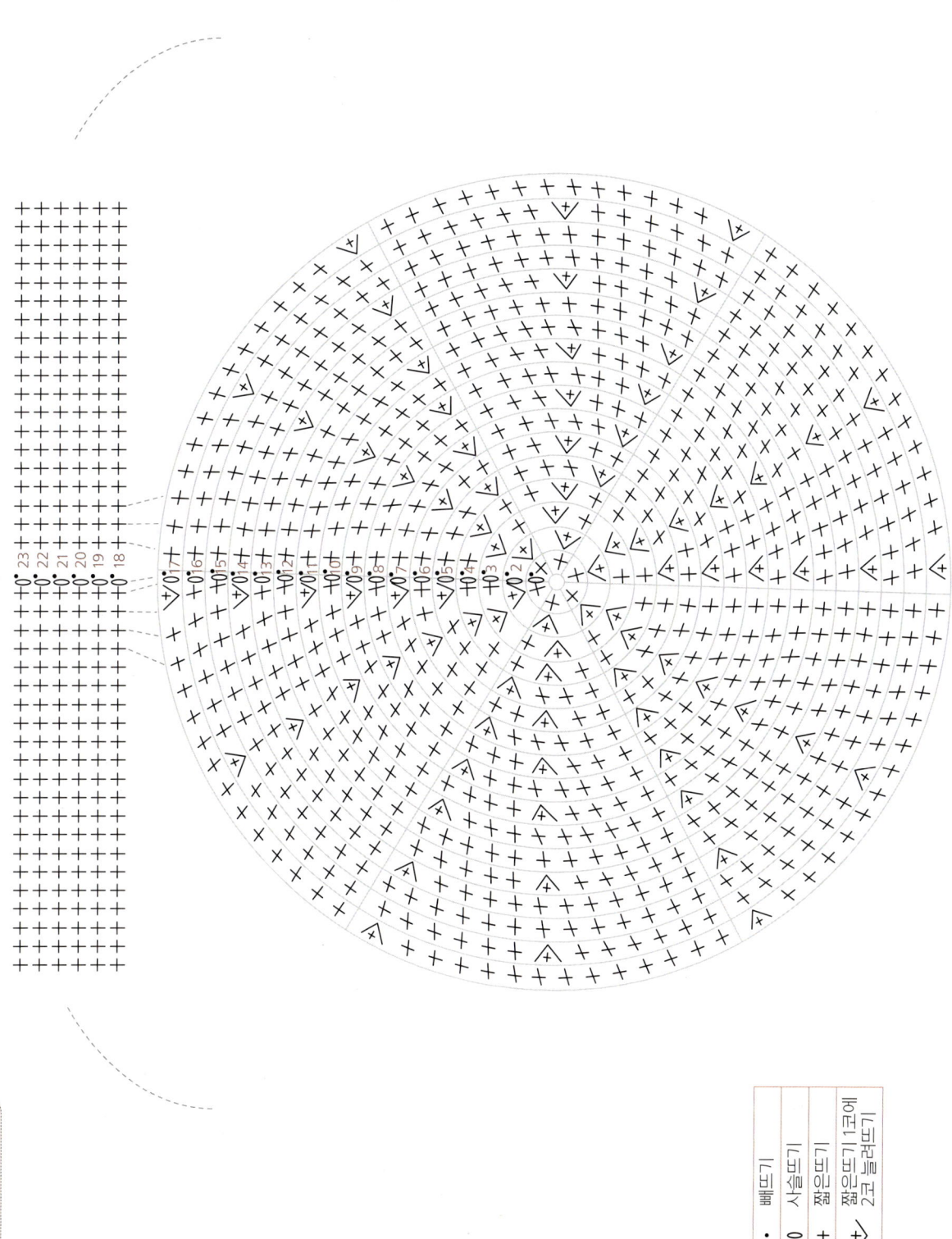

23 22 21 20 19 18

017 016 015 014 013 012 011 010 09 08 07 06 05 04 03 02 01

•	빼뜨기
0	사슬뜨기
+	짧은뜨기
⊹	짧은뜨기 1코에 2코 짧은뜨기늘리기

리본 장식 챙모자

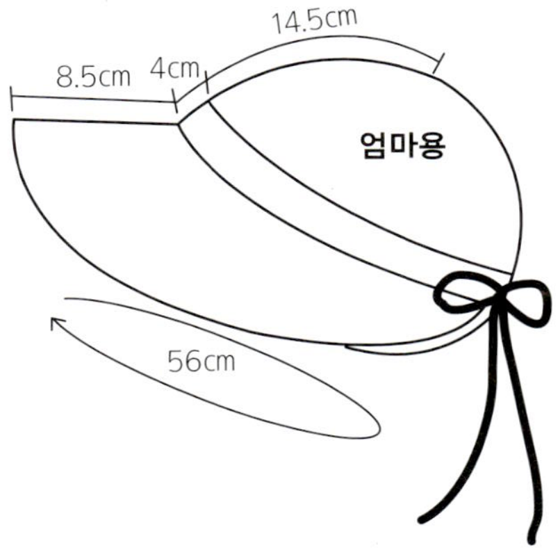

리본 끈은 배색단의 구멍 부분에 넣어
뒤쪽에 묶어서 장식해 준다.

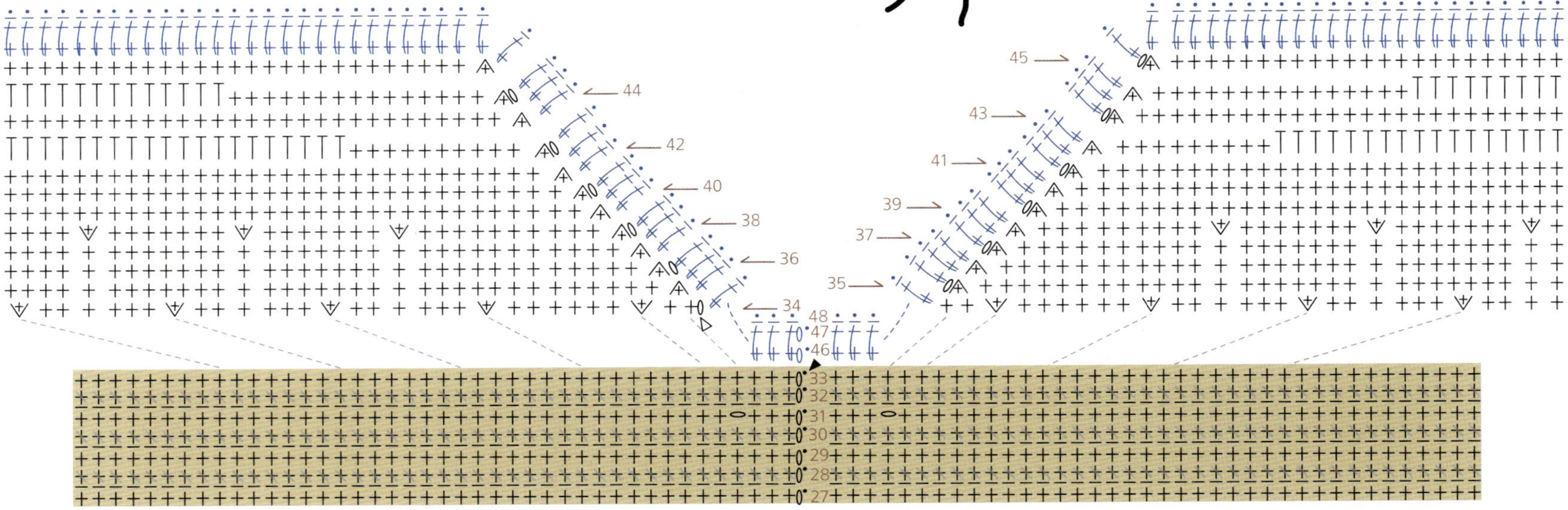

45 →
43 →
41 →
39 →
37 →
35 →

48 47 46
33 32 31 30 29 28 27

34
36
38
40
42
44

머리용

14.5cm

8.5cm 4cm

56cm

배색무늬 단 & 모자 챙 뜨기 – 머리용		
•	빼뜨기	△	사슬뜨기
0	사슬뜨기	▲	실 자르기
+	짧은뜨기	⊥	짧은뜨기 0 코 편물에
⟶	짧은뜨기 1코에 2코 늘려뜨기		짧은뜨기 1 코 편물에
T	긴뜨기	˙|	

배색 무늬 단 & 모자 챙 뜨기 - 아이용

기호	설명
·	빼뜨기
0	사슬뜨기
+	짧은뜨기
⋗	짧은뜨기 1코에 2코 늘려뜨기
⊤	긴뜨기
△	세상 긴뜨기
▲	실 자르기
土	짧은뜨기 0 코 감싸뜨기
-	빼뜨기 0 코 감싸뜨기

아이용

13.5cm
8.5cm
4cm
52cm

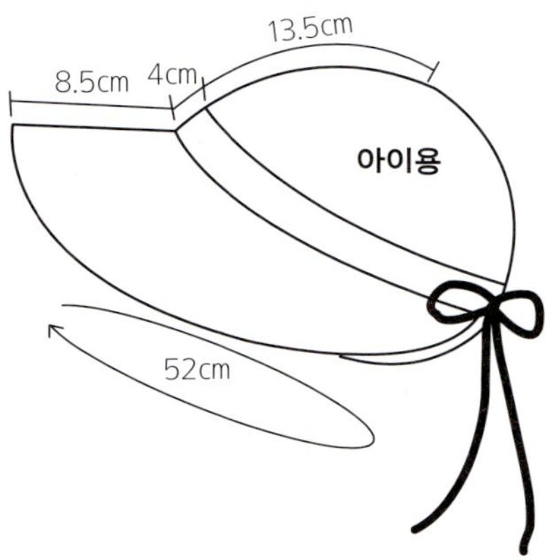

리본 끈은 배색단의 구멍 부분에 넣어
뒤쪽에 묶어서 장식해 준다.

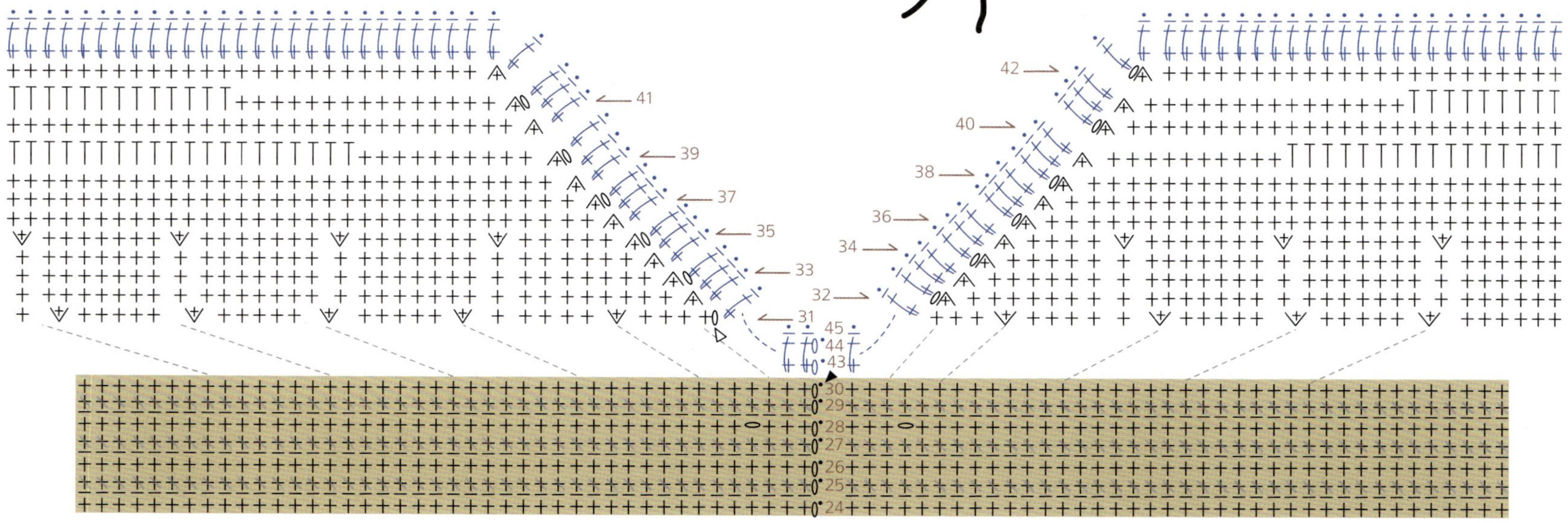

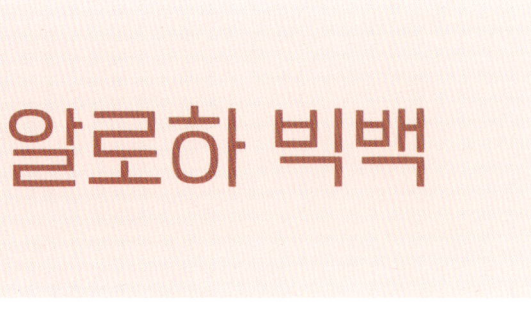

알로하 빅백

난이도 ★★☆

한길긴뜨기와 응용뜨기로 큼직한 빅백을 만들어 보았어요.
단조로움을 피해 여러 가지 배색으로 포인트를 준 실용성 만점 가방이랍니다.

◇ 크기　　　 가로 37㎝, 바닥 폭 13㎝, 세로 31㎝
◇ 준비물　　 모사용 코바늘 5/0호, 돗바늘, 원형 가죽 여밈 단추, 가방 바닥판, 바닥 고정 징 5개
◇ 사용한 실　 알로하 – 베이지색(43번) 240g, 연두색(23번) 20g, 분홍색(24번) 20g, 청록색(91번) 15g

HOW TO MAKE　바닥을 직사각형 모양으로 뜬 후 둘레에서 다시 코를 잡아 떠 올라가는 방식입니다.

가방 바닥 뜨기

코바늘 5/0호를 사용하여 사슬뜨기로 74코를 뜬다.

1단	기둥코 1코를 뜨고, 짧은뜨기로 74코를 뜬다.
2단~29단	1단을 반복해서 뜬다. (총 28단)

가방 몸판 뜨기

30단	기둥코 1코를 뜨고, 모서리 부분에서 짧은뜨기 3코를 뜬다. 옆면에서 짧은뜨기 27코, 모서리에서 짧은뜨기 3코, 밑면에서 짧은뜨기 72코, 모서리에서 짧은뜨기 3코, 옆면에서 짧은뜨기 27코, 모서리에서 짧은뜨기 3코, 윗면에서 짧은뜨기 72코를 뜬 후 빼뜨기로 연결한다.
31단~32단	기둥코 3코를 뜨고, 한길긴뜨기로 209코를 뜬 후 빼뜨기로 연결한다. (총 2단)
33단	연두색 실로 바꾸어 기둥코 3코, 사슬뜨기 1코, 한길긴뜨기 1코, (한길긴뜨기 1코, 사슬뜨기 1코, 한길긴뜨기 1코)×68회, 빼뜨기로 연결한다.
34단~37단	다시 베이지색 실로 바꾸어 기둥코 3코를 뜨고 한길긴뜨기로 209코를 뜬 후 빼뜨기로 연결한다. 빼뜨기 1코를 떠서 위치 이동을 한다. (총 4단)
38단	분홍색 실로 바꾸어 기둥코 3코, 사슬뜨기 1코, 한길긴뜨기 1코, (한길긴뜨기 1코, 사슬뜨기 1코, 한길긴뜨기 1코)×68회, 빼뜨기로 연결한다.
39단~42단	다시 베이지색 실로 바꾸어 기둥코 3코를 뜨고 한길긴뜨기로 209코를 뜬 후 빼뜨기로 연결한다. 빼뜨기 1코를 떠서 위치 이동을 한다. (총 4단)
43단	청록색 실로 바꾸어 기둥코 3코, 사슬뜨기 1코, 한길긴뜨기 1코, (한길긴뜨기 1코, 사슬뜨기 1코, 한길긴뜨기 1코)×68회, 빼뜨기로 연결한다.
44단~47단	다시 베이지색 실로 바꾸어 기둥코 3코를 뜨고 한길긴뜨기로 209코를 뜬 후 빼뜨기로 연결한다. 빼뜨기 1코를 떠서 위치 이동을 한다. (총 4단)
48단	연두색 실로 바꾸어 기둥코 3코, 사슬뜨기 1코, 한길긴뜨기 1코, (한길긴뜨기 1코, 사슬뜨기 1코, 한길긴뜨기 1코)×68회, 빼뜨기로 연결한다.
49단~52단	다시 베이지색 실로 바꾸어 기둥코 3코를 뜨고 한길긴뜨기로 209코를 뜬 후 빼뜨기로 연결한다. 빼뜨기 1코를 떠서 위치 이동을 한다. (총 4단)
53단	분홍색 실로 바꾸어 기둥코 3코, 사슬뜨기 1코, 한길긴뜨기 1코, (한길긴뜨기 1코, 사슬뜨기 1코, 한길긴뜨기 1코)×68회, 빼뜨기로 연결한다.
54단~57단	다시 베이지색 실로 바꾸어 기둥코 3코를 뜨고 한길긴뜨기로 209코를 뜬 후 빼뜨기로 연결한다. (총 4단)

가방 손잡이 뜨기

58단	기둥코 1코를 뜨고, 안의 그림을 참고하여 짧은뜨기 27코+14코를 뜬 후 사슬뜨기 44코를 뜬다. 밑단의 40코를 띄고, 41코 째에 짧은뜨기 14코+27코+14코를 뜬 후 사슬뜨기 44코를 뜬다. 밑단의 40코를 띄고, 41코 째에 짧은뜨기 14코를 뜬 후 빼뜨기로 연결한다.
59단~65단	기둥코 1코 뜨고, 짧은뜨기 198코를 뜬 후 빼뜨기로 연결한다. (총 7단)

마무리하기

가방 안쪽에 원형 가죽 여밈 단추를 달아준다. 가방 밑판은 크기에 맞게 잘라 안쪽에서 징으로 고정해 준다.

KNITTING CHART

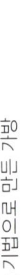

가방 바닥 뜨기

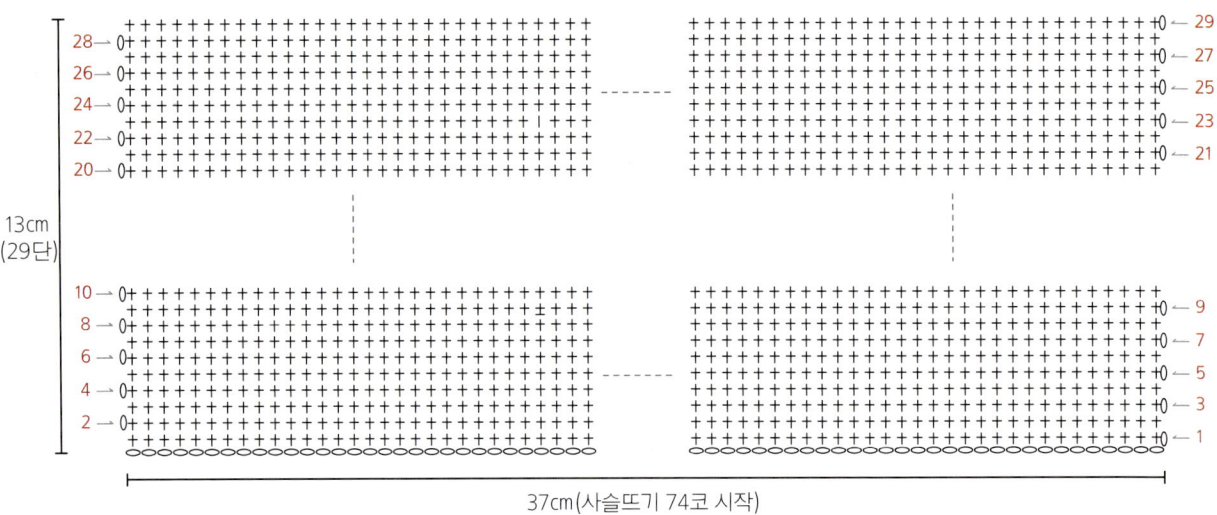

13cm
(29단)

37cm(사슬뜨기 74코 시작)

가방 손잡이 뜨기

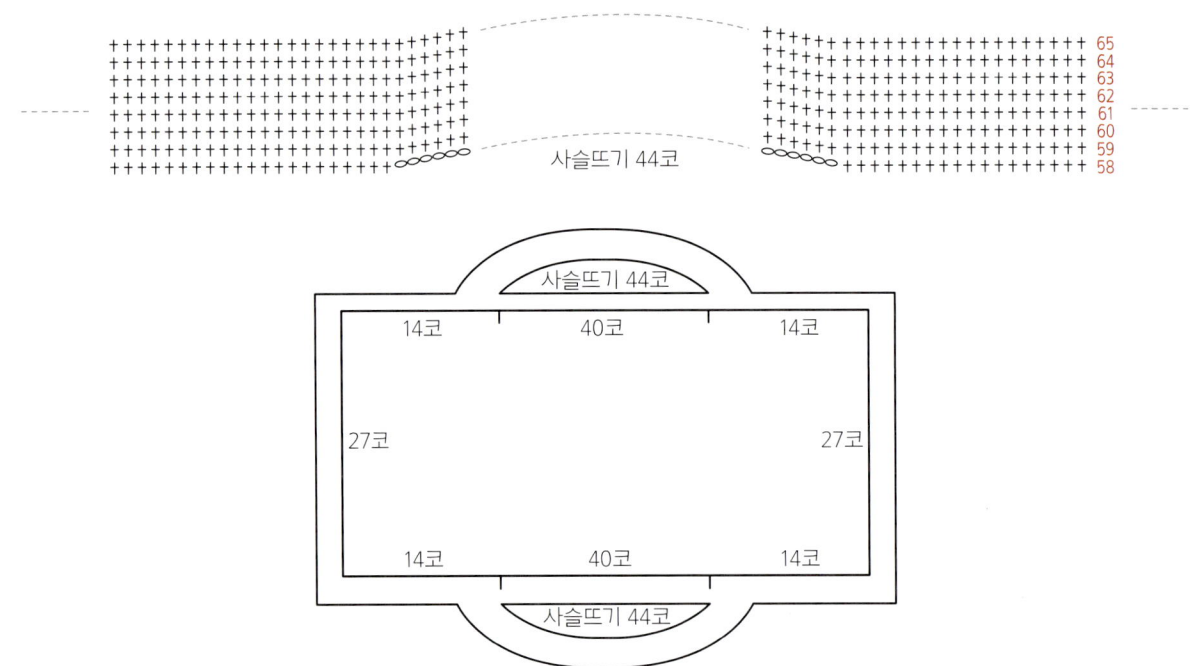

사슬뜨기 44코

65
64
63
62
61
60
59
58

사슬뜨기 44코

14코	40코	14코

27코

27코

14코	40코	14코

사슬뜨기 44코

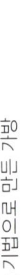

코바늘 가방으로 만든 가방

108

가방 몸판 뜨기

• 빼뜨기	0 사슬뜨기	+ 짧은뜨기	┊ 한길긴뜨기	⋉ 짧은뜨기 1코에 3코 늘려뜨기

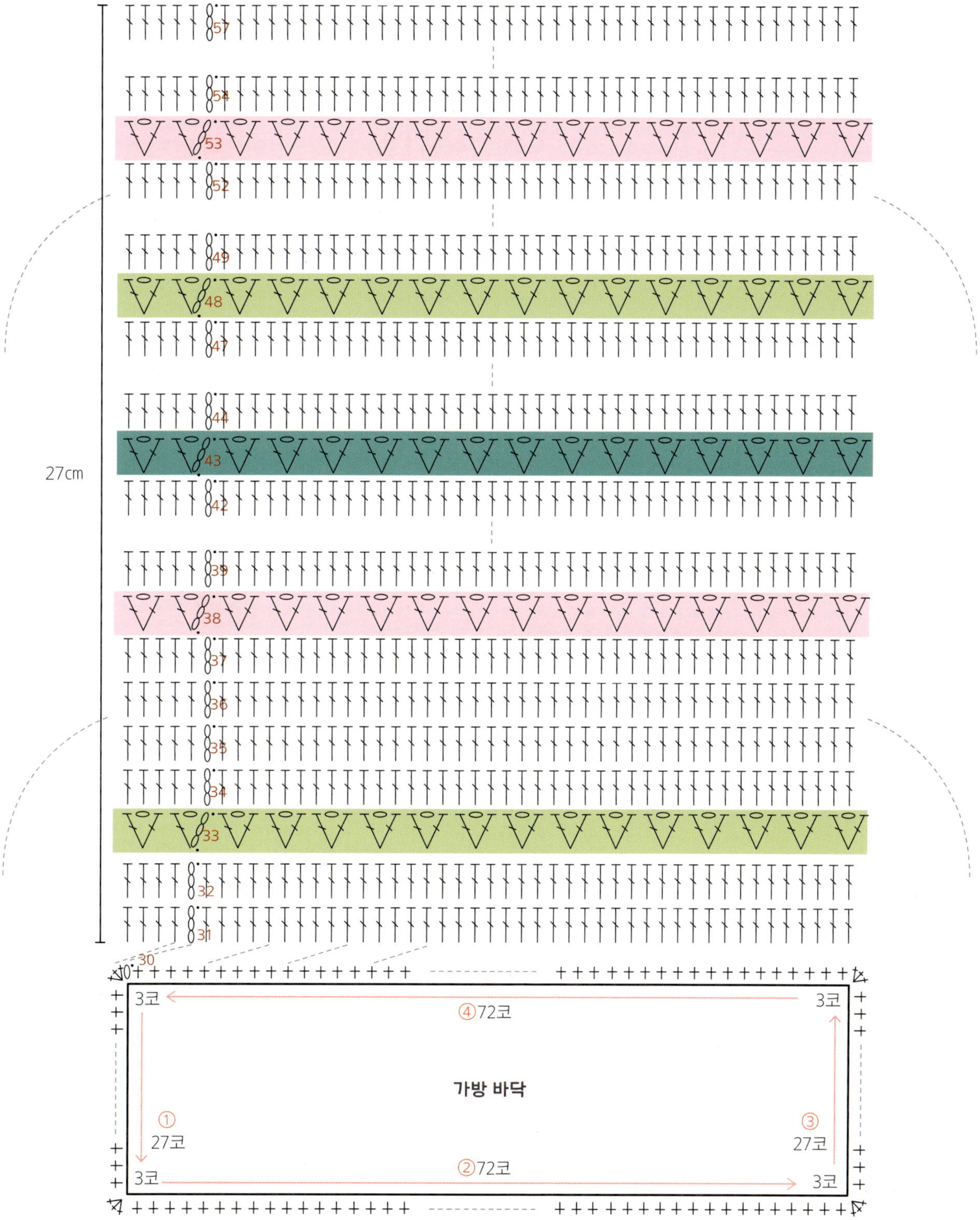

27cm

57
54
53
52
49
48
47
44
43
42
39
38
37
36
35
34
33
32
31
30

3코 ④72코 3코

가방 바닥

① 27코 ③ 27코

3코 ②72코 3코

다이아몬드 무늬 네트백

난이도 ★★☆

종이 재질의 실을 굵은 바늘로 숭덩숭덩 떠서 만든 가방이에요.
여름용 데일리 백으로 잘 어울리는 네트백입니다.

◇ 크기   단색 – 가로 30㎝, 세로 34㎝, 끈 길이 50㎝, 믹스색 – 가로 32㎝, 세로 37㎝, 끈 길이 54㎝
◇ 준비물   모사용 코바늘 7/0호, 돗바늘(느슨하게 작업하려면 8/0호 바늘 권장), 태슬용 레이스 리본 20㎝, 장식용 O링
◇ 사용한 실   루피 – 주황색(94번) 80g, 그린믹스색(105번) 80g

HOW TO MAKE   밑면을 만들고, 몸판을 떠 올라가는 방식의 가방입니다.

가방 몸판 뜨기

코바늘 7/0호를 사용하여 사슬뜨기 43코를 뜬다.

1단
기둥코 3코를 뜨고, 한길긴뜨기를 41코, 사슬뜨기 43코째에 한길긴뜨기 6코, 반대편 사슬뜨기에서 한길긴뜨기 41코, 사슬뜨기 43코째에 한길긴뜨기 5코를 뜬 후 첫코에 빼뜨기로 연결한다.

2단
기둥코 1코를 뜨고 짧은뜨기 이랑뜨기로 94코를 뜬 후 첫코에 빼뜨기로 연결한다.

3단
기둥코 3코를 뜨고 한길긴뜨기 이랑뜨기로 93코를 뜬 후 첫코에 빼뜨기로 연결한다.

4단
기둥코 1코를 뜨고 짧은뜨기 이랑뜨기로 94코를 뜬 후 첫코에 빼뜨기로 연결한다.

5단
기둥코 1코를 뜬 후 짧은뜨기 2코, 사슬뜨기 7코, (짧은뜨기 3코, 사슬뜨기 7코)×15회 반복해서 뜬 후 짧은뜨기 1코를 뜨고 빼뜨기로 첫코에 연결한다. 이때 주의할 점은 모서리 부분에서 밑단의 짧은뜨기 이랑뜨기 2코만 건너뛰고 짧은뜨기를 뜬다. (도안의 점선 위치 확인)

6단
기둥코 1코를 뜨고, (짧은뜨기 1코, 사슬뜨기 4코, 짧은뜨기 1코, 사슬뜨기 4코)×15회 반복해서 뜬 후, 짧은뜨기 1코, 처음 시작 부분에 두길긴뜨기로 연결한다.

7단
기둥코 1코를 뜨고, 짧은뜨기 1코, (사슬뜨기 7코, 짧은뜨기 3코)×15회 반복해서 뜬 후, 사슬뜨기 7코, 짧은뜨기 2코, 처음 시작 부분에 빼뜨기로 연결한다.

8단
도안의 표기와 같이 빼뜨기 3코를 떠서 시작 위치를 이동한다. 기둥코 1코를 뜨고, (짧은뜨기 1코, 사슬뜨기 4코, 짧은뜨기 1코, 사슬뜨기 4코)×16회 반복해서 뜬 후, 처음 시작 부분에 빼뜨기로 연결한다.

9단~24단
5~8단의 무늬를 반복하면서 24단까지 뜬다.

25단
기둥코 3코를 뜨고, (사슬뜨기 2코, 짧은뜨기 1코, 사슬뜨기 2코, 한길긴뜨기 1코)×15회 반복해서 뜬 후, 사슬뜨기 2코, 짧은뜨기 1코, 사슬뜨기 2코, 처음 시작 부분에 빼뜨기로 연결한다.

26단
기둥코 1코를 뜨고 짧은뜨기 96코를 뜬 후 처음 시작 부분에 빼뜨기로 연결한다.

27단
기둥코 1코를 뜨고 짧은뜨기 이랑뜨기 96코를 뜬 후 처음 시작 부분에 빼뜨기로 연결한다.

가방 끈 뜨기

28단
기둥코 1코를 뜨고, 짧은뜨기 이랑뜨기 11코, 사슬뜨기 75코를 뜬 후 27단의 짧은뜨기 이랑뜨기 부분 21코를 띄고, 22코째에 짧은뜨기 이랑뜨기 27코, 사슬뜨기 75코를 뜬 후 27단의 짧은뜨기 이랑뜨기 부분 21코를 띄고, 22코째에 짧은뜨기 이랑뜨기 16코를 뜬 후 처음 시작 부분에 빼뜨기로 연결한다.

29단
기둥코 1코를 뜨고, 짧은뜨기 이랑뜨기 10코, 짧은뜨기 2코 모아뜨기, 사슬에 짧은뜨기 73코, 짧은뜨기 2코 모아뜨기, 짧은뜨기 이랑뜨기 25코, 짧은뜨기 2코 모아뜨기, 사슬에 짧은뜨기 75코, 마지막 짧은뜨기 2코 모아뜨기, 짧은뜨기 이랑뜨기 15코를 뜬 후 처음 시작 부분에 빼뜨기로 연결한다.

30단
전체 둘레는 빼뜨기 이랑뜨기로 1단을 뜬다.

끈 안쪽 둘레 전체에도 빼뜨기 1단을 뜬다.

마무리하기

태슬을 만들어 오링에 끼우고, 레이스 리본을 꿰매어 준 후 가방에 달아 마무리한다. (태슬은 꼭 같은 실이 아니어도 되며 다른 실로 만들어 주셔도 됩니다.)

▶ 태슬 만들기

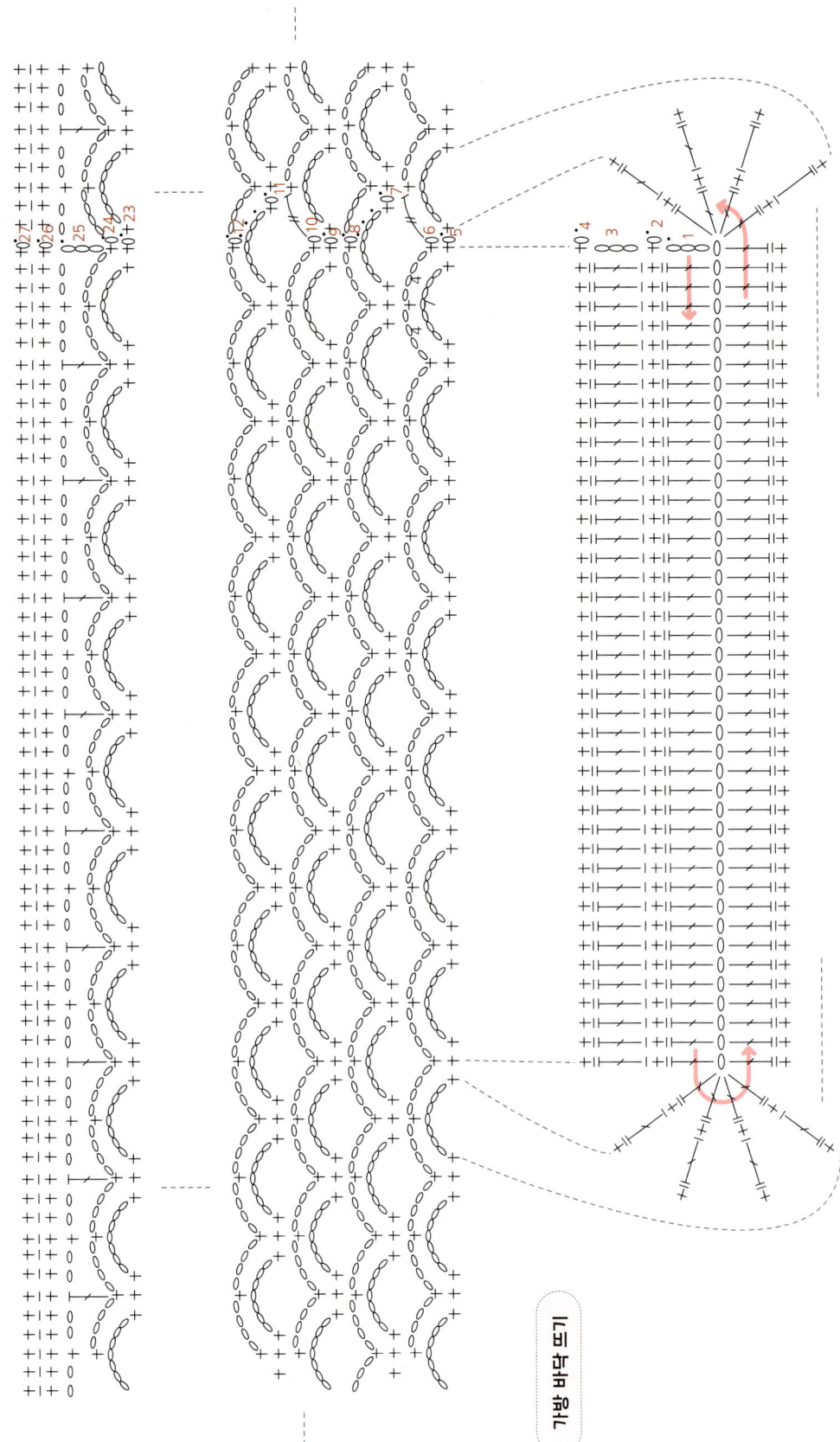

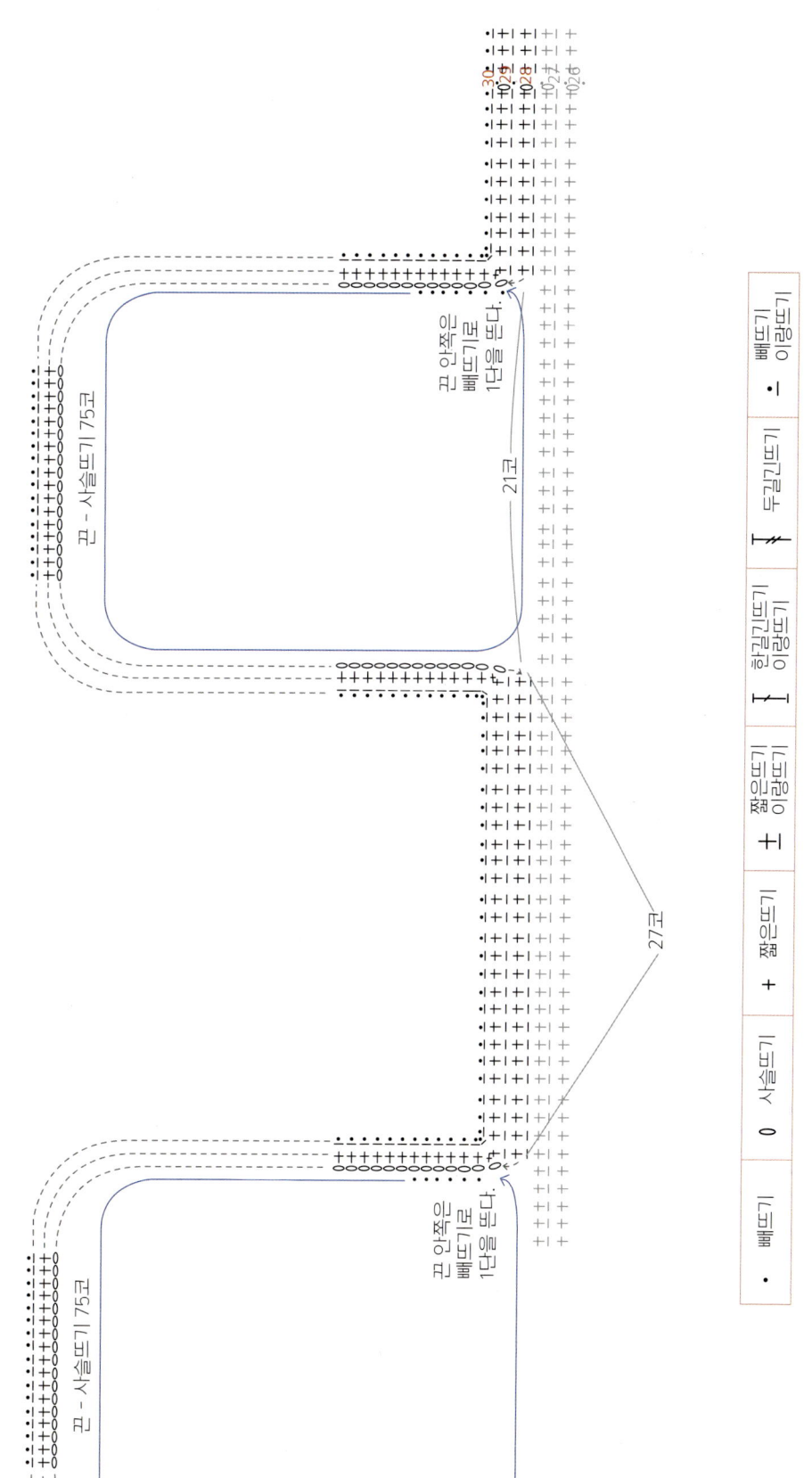

내 맘대로
3색 마켓백

난이도 ★★☆

마음에 드는 세 가지 색을 골라 배색을 해 보세요.
얇은 면사로 떠서 무게감도 없고, 가볍게 장바구니로 사용하기 좋은 마켓백이에요.

◇ 크기   가로 20cm, 세로 30cm, 끈 길이 46cm~48cm
◇ 준비물   모사용 코바늘 5/0호, 돗바늘
◇ 사용한 실   코튼 퀸 – 보라색(54번) 50g, 연민트색(134번) 50g, 하늘색(79번) 50g, 진민트색(135번) 50g,
             살구색(14번) 50g, 연두색(145번) 50g

HOW TO MAKE   원형 늘림의 방식으로 밑면을 만들어 주고, 옆면은 무늬뜨기로 떠 올라가는 방식의 가방입니다.

가방 바닥 뜨기

첫 번째 색 실로 코바늘 5/0호를 사용하여 원형코를 잡는다.

1단 기둥코 3코를 뜨고, 한길긴뜨기로 11코를 뜬 후 첫코에 빼뜨기로 연결한다. (총 12코)

2단 기둥코 3코를 뜨고, 그 자리에 한길긴뜨기로 1코, (한길긴뜨기 2코 늘려뜨기)×11회, 빼뜨기로 연결한다. (총 24코)

3단 기둥코 3코를 뜨고, 그 자리에 한길긴뜨기 1코, 한길긴뜨기 1코, (한길긴뜨기 2코 늘려뜨기, 한길긴뜨기 1코)×11회, 빼뜨기로 연결한다. (총 36코)

4단 기둥코 3코를 뜨고, 한긴길뜨기 2코 늘려뜨기, 한길긴뜨기 1코, (한길긴뜨기 1코, 한길긴뜨기 2코 늘려뜨기, 한길긴뜨기 1코)×11회, 빼뜨기로 연결한다. (총 48코)

5단 기둥코 3코를 뜨고, 그 자리에 한길긴뜨기 1코, 한길긴뜨기 3코, (한길긴뜨기 2코 늘려뜨기, 한길긴뜨기 2코)×11회, 빼뜨기로 연결한다. (총 60코)

6단 기둥코 3코를 뜨고, 한길긴뜨기 2코, 한긴길뜨기 2코 늘려뜨기, 한길긴뜨기 1코, (한길긴뜨기 3코, 한길긴뜨기 2코 늘려뜨기, 한길긴뜨기 1코)×11회, 빼뜨기로 연결한다. (총 72코)

7단 기둥코 3코를 뜨고, 한길긴뜨기 2코 늘려뜨기, 한길긴뜨기 4코, (한길긴뜨기 1코, 한길긴뜨기 2코 늘려뜨기, 한길긴뜨기 4코)×11회, 빼뜨기로 연결한다. (총 84코)

8단 기둥코 3코를 뜨고, 한길긴뜨기 5코, 한길긴뜨기 2코 늘려뜨기, (한길긴뜨기 6코, 한길긴뜨기 2코 늘려뜨기)×11회, 빼뜨기로 연결한다. (총 96코)

9단 기둥코 3코를 뜨고, 한길긴뜨기 3코, 한길긴뜨기 2코 늘려뜨기, 한길긴뜨기 3코, (한길긴뜨기 4코, 한길긴뜨기 2코 늘려뜨기, 한길긴뜨기 3코)×11회, 빼뜨기로 연결한다. (총 108코)

10단 기둥코 3코를 뜨고, 한길긴뜨기 1코, 한길긴뜨기 2코 늘려뜨기, 한길긴뜨기 6코, (한길긴뜨기 2코, 한길긴뜨기 2코 늘려뜨기, 한길긴뜨기 6코)×11회, 빼뜨기로 연결한다. (총 120코)

11단 기둥코 3코를 뜨고, 한길긴뜨기 119코를 뜬 후 빼뜨기로 연결한다.

가방 몸판 뜨기

12단 기둥코 1코를 뜨고, 짧은뜨기 1코, (사슬뜨기 4코, 짧은뜨기 1코)×39회, 마지막은 사슬뜨기 2코, 긴뜨기로 첫 시작코에 연결한다. (밑의 한길긴뜨기 2코 띄고, 3번째 코에 짧은뜨기를 한다 - 도안 참고)

13단 기둥코 3코를 뜨고, (사슬뜨기 1코, 한길뜨기 1코, 사슬 6코, 한길긴뜨기 1코)×19회, 마지막은 사슬뜨기 1코, 한길긴뜨기 1코, 사슬뜨기 6코, 처음 시작 부분에 빼뜨기로 연결한다.

14단 빼뜨기로 1코 이동한 후, 기둥코 1코를 뜨고 (짧은뜨기 1코, 사슬뜨기 4코)×39회, 마지막은 짧은뜨기 1코, 사슬 1코, 처음 시작 부분에 한길긴뜨기로 연결한다.

15단 기둥코 3코를 뜨고, (사슬뜨기 6코, 한길긴뜨기 1코, 사슬뜨기 1코, 한길긴뜨기 1코)×19회, 마지막은 사슬뜨기 6코, 한길긴뜨기 1코, 사슬뜨기 1코, 처음 시작 부분에 빼뜨기로 연결한다. 빼뜨기로 시작 위치를 이동한다. (도안 참고)

16단~31단 12단~15단까지를 4회 반복하면서 31단까지 뜬다.

32단 12단을 1회 뜬다.

33단 13단을 1회 뜬다.

34단 14단을 1회 뜬다.

35단 기둥코 3코를 뜨고, (사슬뜨기 3코, 짧은뜨기 1코, 사슬뜨기 3코, 한길긴뜨기 1코)×19회, 마지막은 사슬뜨기 3코, 짧은뜨기 1코, 사슬뜨기 3코, 처음 시작 부분에 빼뜨기로 연결한다.

36단~39단 기둥코 1코, 짧은뜨기 120코, 처음 시작 부분에 빼뜨기로 연결한다. 총 4단을 뜬다.

가방 끈 뜨기

그림을 참고하여 사슬뜨기 1코, 짧은뜨기 2코, 사슬뜨기로 100코를 뜬 후 꼬이지 않게, 31코째에 짧은뜨기 1코, 그림의 방향으로 짧은뜨기 29코를 뜬다. 사슬뜨기로 100코를 뜬 후, 짧은뜨기 30코를 띄고 31코째 짧은뜨기, 그림의 방향으로 짧은뜨기 27코, 빼뜨기로 연결한다. (도안- 검은색 부분1)

사슬뜨기 1코, 짧은뜨기 2코 모아뜨기, 사슬뜨기에 짧은뜨기 98코, 사슬뜨기의 마지막 코에서 짧은뜨기 2코 모아뜨기, 그림의 방향으로 짧은뜨기 26코, 짧은뜨기 2코 모아뜨기, 사슬뜨기에 짧은뜨기 98코, 사슬뜨기의 마지막 코에서 짧은뜨기 2코 모아뜨기, 짧은뜨기 26코, 빼뜨기로 연결한다. (도안-파란색 부분2)

그림을 참고하여 새 실을 걸고 화살표 방향으로 짧은뜨기, 사슬뜨기 100코에 짧은뜨기, 빼뜨기 연결, 반대편도 같은 방법으로 짧은뜨기 1단을 뜬다. (도안-빨간색 부분3)

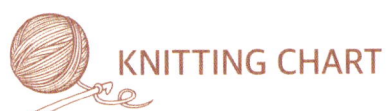

KNITTING CHART

가방 바닥 뜨기

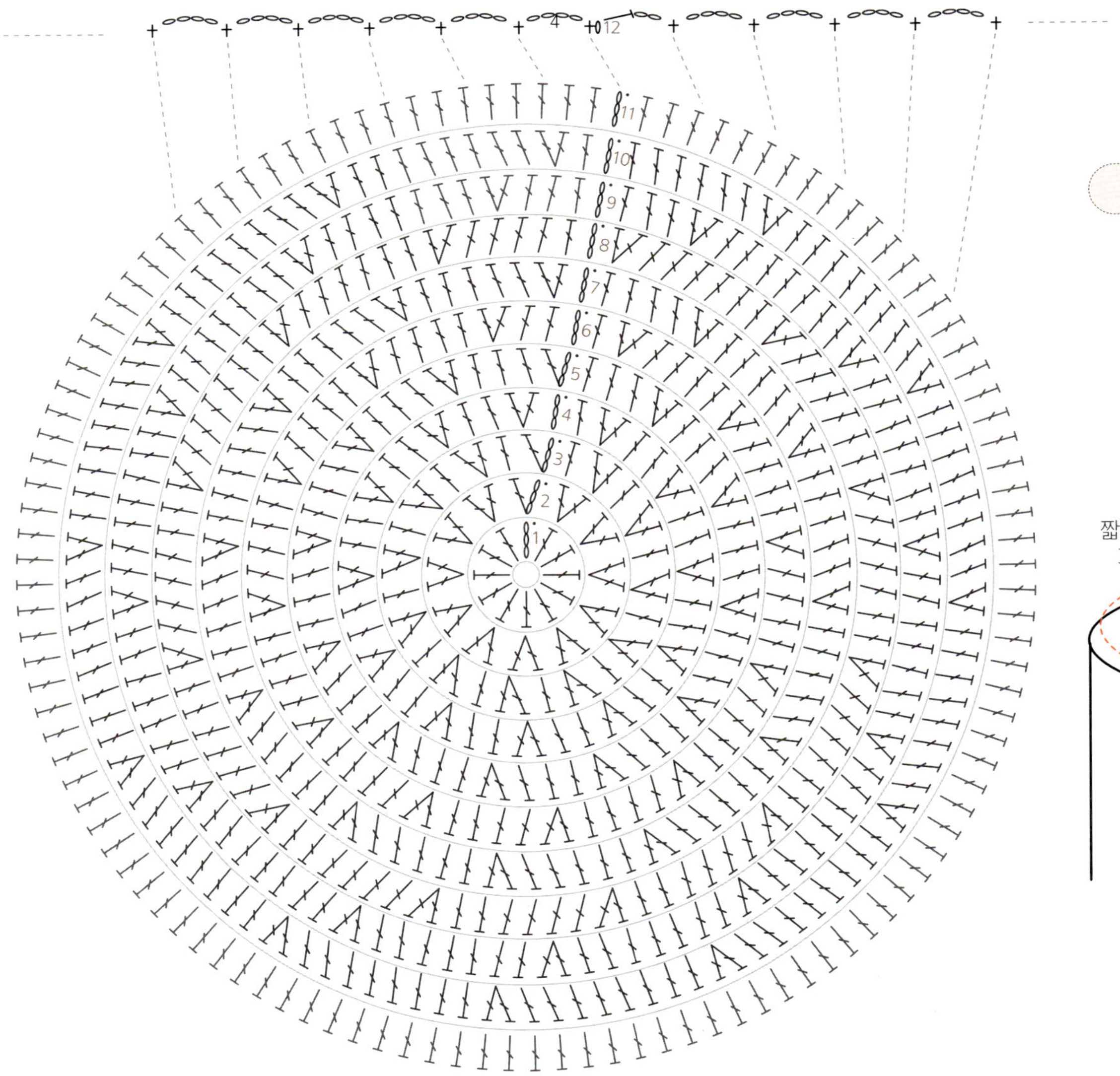
1
2
3
4
5
6
7
8
9
10
11
12

가방 끈 뜨기

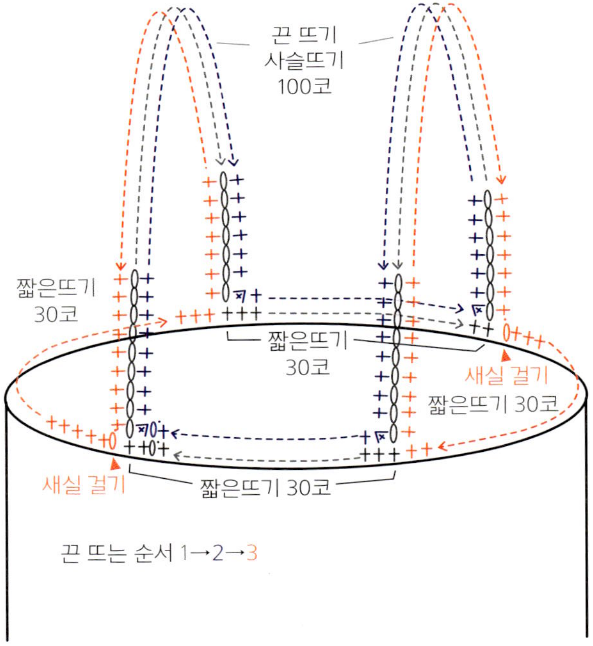
끈 뜨기
사슬뜨기
100코
짧은뜨기
30코
짧은뜨기
30코
새실 걸기
짧은뜨기 30코
새실 걸기
짧은뜨기 30코
끈 뜨는 순서 1→2→3

•	빼뜨기	T	긴뜨기
0	사슬뜨기	Ŧ	한길긴뜨기
+	짧은뜨기	V	한길긴뜨기 2코 늘려뜨기

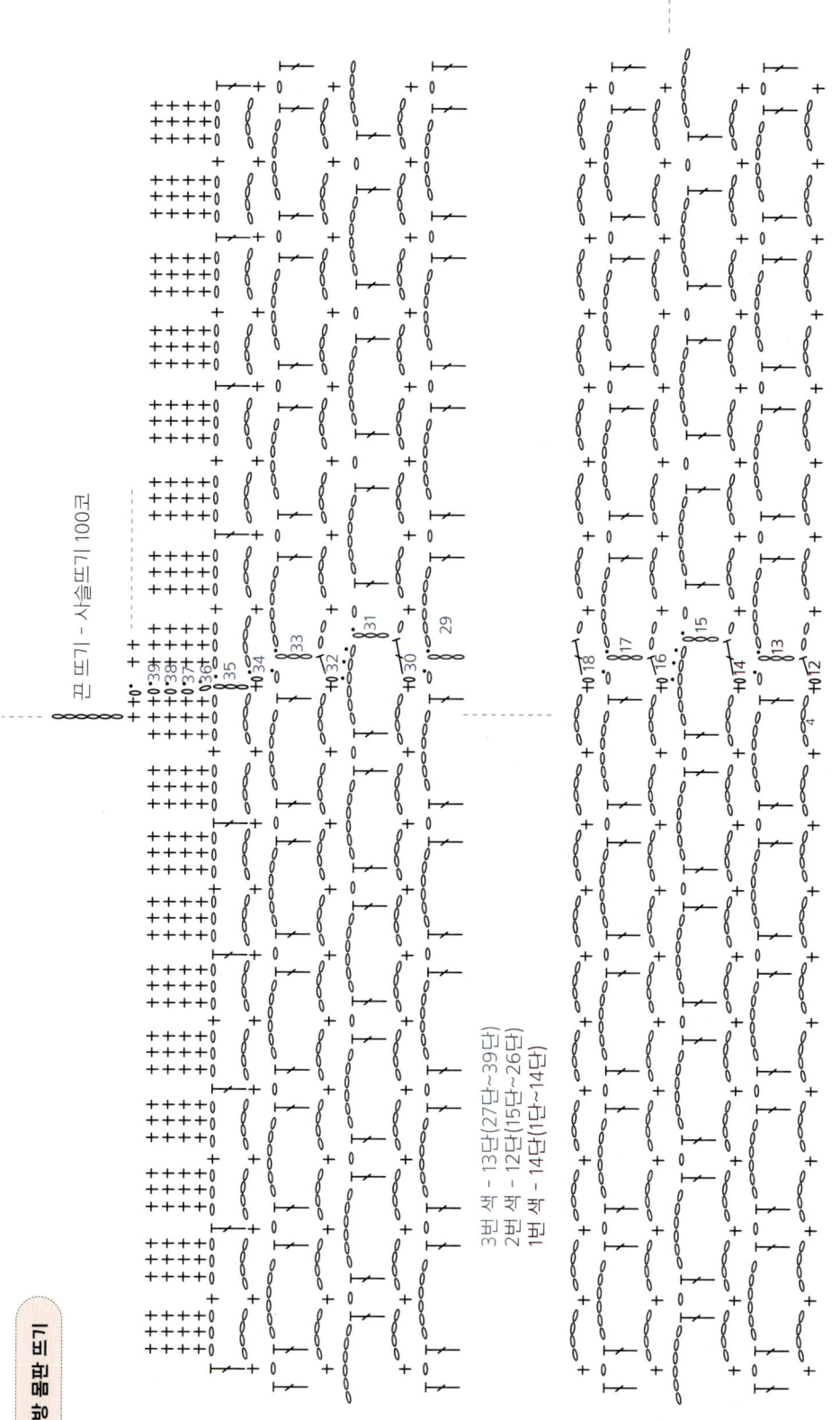

코 뜨기 - 사슬뜨기 100코

사방 옆볼 뜨기

39
38
37
36
35
34
33
32
31
30
29

18
17
16
15
14
13
12

3번 색 - 13단(27단~39단)
2번 색 - 12단(15단~26단)
1번 색 - 14단(1단~14단)

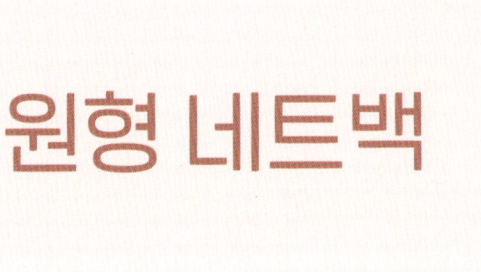

원형 네트백

난이도 ★★☆

가죽 바닥을 사용해 만든 미니 네트백이에요.
네트백이지만 가죽으로 된 바닥 덕분에 늘어짐이 없답니다.
어깨 끈을 조절하면 숄더형, 토트형으로도 변형이 가능해요!

◇ 크기   원형 지름 17㎝, 세로 20㎝, 끈 길이 약 80~85㎝
◇ 준비물   모사용 코바늘 7/0호·8/0호, 돗바늘, D링 4개, 비즈 장식 2개, 장식용 라벨 2개, 원형 가죽 바닥 2개
◇ 사용한 실   루피 – 파란색(13번) 40g, 파랑믹스색(114번) 40g

HOW TO MAKE   가죽 바닥을 사용해서 밑에서부터 위로 무늬를 떠 올라가는 방식입니다.

가방 바닥·몸판 뜨기

파란색 실로

1단　코바늘 7/0호 바늘로 가죽 바닥 구멍에 짧은뜨기를 뜬다. 도안을 참고하여 코를 늘려가며 뜬다. (총 80코)

8/0호 코바늘로 바꾸어

2단~4단　기둥코 1코를 뜨고, 짧은뜨기 80코를 뜬 후 빼뜨기로 연결한다. (총 3단)

5단　기둥코 3코를 뜨고, 같은 코에 한길긴뜨기 2코, (사슬뜨기 2코, 한길긴뜨기 3코 모아뜨기, 사슬뜨기 2코, 1코에 한길긴뜨기 3코 뜨기)×9회, 사슬뜨기 2코, 한길긴뜨기 3코 모아뜨기, 사슬뜨기 2코, 빼뜨기로 연결한다.

6단　기둥코 3코를 뜨고, 한길긴뜨기 2코, (사슬뜨기 5코, 한길긴뜨기 3코)×9회, 사슬뜨기 5코, 빼뜨기로 연결한다.

7단　기둥코 2코를 뜨고, 한길긴뜨기 2코 모아뜨기, (사슬뜨기 2코, 1코에 한길긴뜨기 3코 뜨기, 한길긴뜨기 3코 모아뜨기)×9회, 사슬뜨기 2코, 1코에 한길긴뜨기 3코 뜨기, 사슬뜨기 2코, 빼뜨기로 연결한다. 빼뜨기로 3코 떠서 시작 위치를 이동한다.

8단　기둥코 3코를 뜨고 한길긴뜨기 2코, (사슬뜨기 5코, 한길긴뜨기 3코)×9회, 사슬뜨기 5코, 빼뜨기로 연결한다.

9단~11단　7단~9단을 1회 반복한다.

12~14단　기둥코 1코를 뜨고 짧은뜨기 80코를 뜬 후 빼뜨기로 연결한다. (총 3단)

15단　빼뜨기 이랑뜨기로 1단을 떠서 마무리한다.

끈 만들기

파랑믹스색 실로 사슬뜨기 170~180㎝ 길이 3개를 뜬다.

3개를 합쳐서 머리 땋는 방법으로 끈을 만든다.

동영상을 참고하여 설명에 따라 끈의 끝에 태슬을 만든다.

마무리하기

D링을 감침질로 가방에 꿰매어 달아주고 끈을 연결한다.

라벨을 달아주어 마무리한다.

가방 바닥·몸판 뜨기

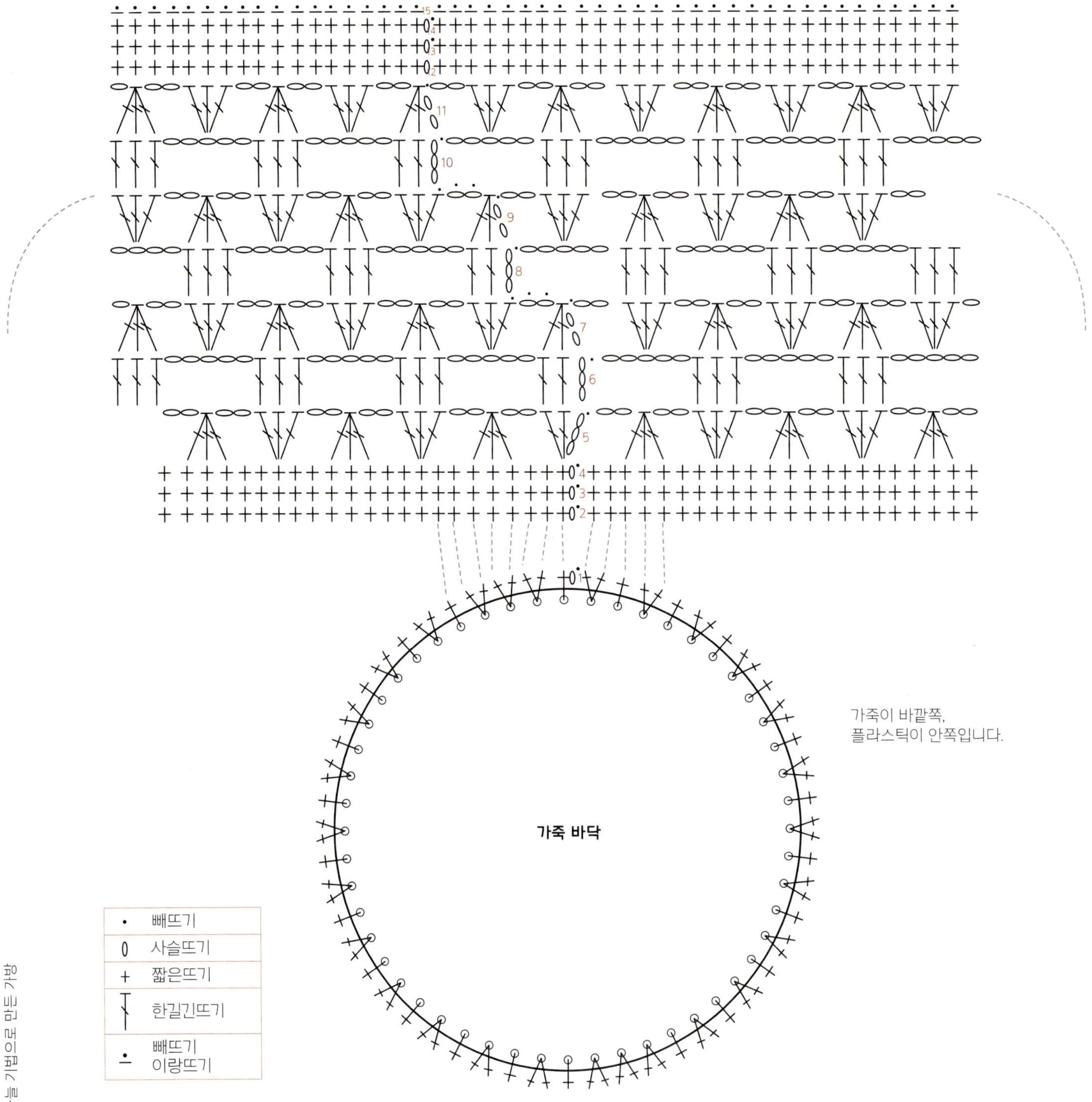

가죽이 바깥쪽,
플라스틱이 안쪽입니다.

가죽 바닥

•	빼뜨기
0	사슬뜨기
+	짧은뜨기
⊤	한길긴뜨기
• ─	빼뜨기 이랑뜨기

끈 만들기

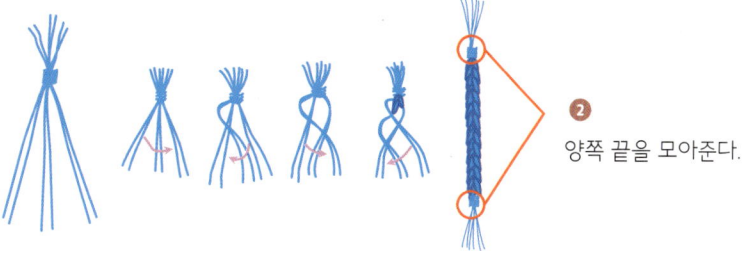

①

사슬뜨기로 170~180㎝
길이 3개를 뜨고,
머리땋기로 땋아준다.

②

양쪽 끝을 모아준다.

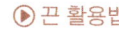

▶ 끈 활용법

루피 채움 코바늘백

난이도 ★★☆

기본 뜨기만 알아도 완성할 수 있는 가방이에요.
가죽 바닥을 사용하여 늘어짐을 보완해 주었어요.

◇ 크기   가방 바닥 17.5㎝, 세로 23.5㎝, 끈 길이 38.5㎝
◇ 준비물   모사용 코바늘 6/0호, 돗바늘(느슨하게 작업하려면 7/0호 바늘 권장)
            원형 가죽 바닥, 가죽 장식 1개, 나무링 1개, O링(중) 1개, O링(소) 1개
◇ 사용한 실   루피 - 진베이지색(43번) 80g, 와인색(19번) 80g

HOW TO MAKE   가죽 바닥을 사용하여 밑면을 만들고, 몸판을 떠 올라가는 방식의 가방입니다.

가방 몸판 뜨기

모사용 코바늘 6/0호를 사용하여

1단	원형 가죽 바닥(2겹)은 도안과 같이 코를 늘려가며 짧은뜨기로 뜬다. 가죽이 바깥쪽, 플라스틱이 안쪽으로 향하게 한다.
2단	기둥코 1코를 뜨고, (짧은뜨기 3코, 짧은뜨기 2코 늘려뜨기)×17회, 짧은뜨기 1코, 빼뜨기로 연결한다. (총 86코)
3단	기둥코 3코를 뜨고 그 자리에 한길긴뜨기 이랑뜨기 1코, 한길긴뜨기 이랑뜨기 모아뜨기, 한길긴뜨기 이랑뜨기 83코, 빼뜨기로 연결한다.
4단	기둥코 1코를 뜨고, 짧은뜨기 이랑뜨기 86코, 빼뜨기로 연결한다.
5단~20단	3~4단을 8회 반복해서 20단까지 뜬다. 실을 마무리하고 잘라낸다.

가방 끈 뜨기

도안에 나온 위치에 새 실을 걸어 시작한다.

1단	기둥코 3코를 뜨고, 한길긴뜨기 이랑뜨기 5코를 뜬다.
2단	기둥코 1코를 뜨고, 짧은뜨기 이랑뜨기 5코를 뜬다.
3단~30단	1~2단을 30단까지 뜬다.
31단	기둥코 3코를 뜨고, 한길긴뜨기 이랑뜨기 5코를 뜬다.

도안에 표기된 위치에 빼뜨기로 연결한다. 그림과 같이 손잡이는 짧은뜨기로 뜨고, 가방 몸판은 짧은뜨기 이랑뜨기로 1단을 뜬다. 몸판을 뜰 때는 도안을 참고하여 고리를 양쪽에 만든다. 전체 둘레를 빼뜨기 이랑뜨기로 떠준다.

마무리하기

나무링에 짧은뜨기 1단, 빼뜨기 이랑뜨기 1단을 뜬다. 가죽 장식에 나무링을 꿰고 그림의 위치에 꿰매어 달아준다.

태슬을 만들어 장식해 준다.

▶ 태슬 만들기

가죽이 바깥쪽,
플러스티어이 안쪽입니다.

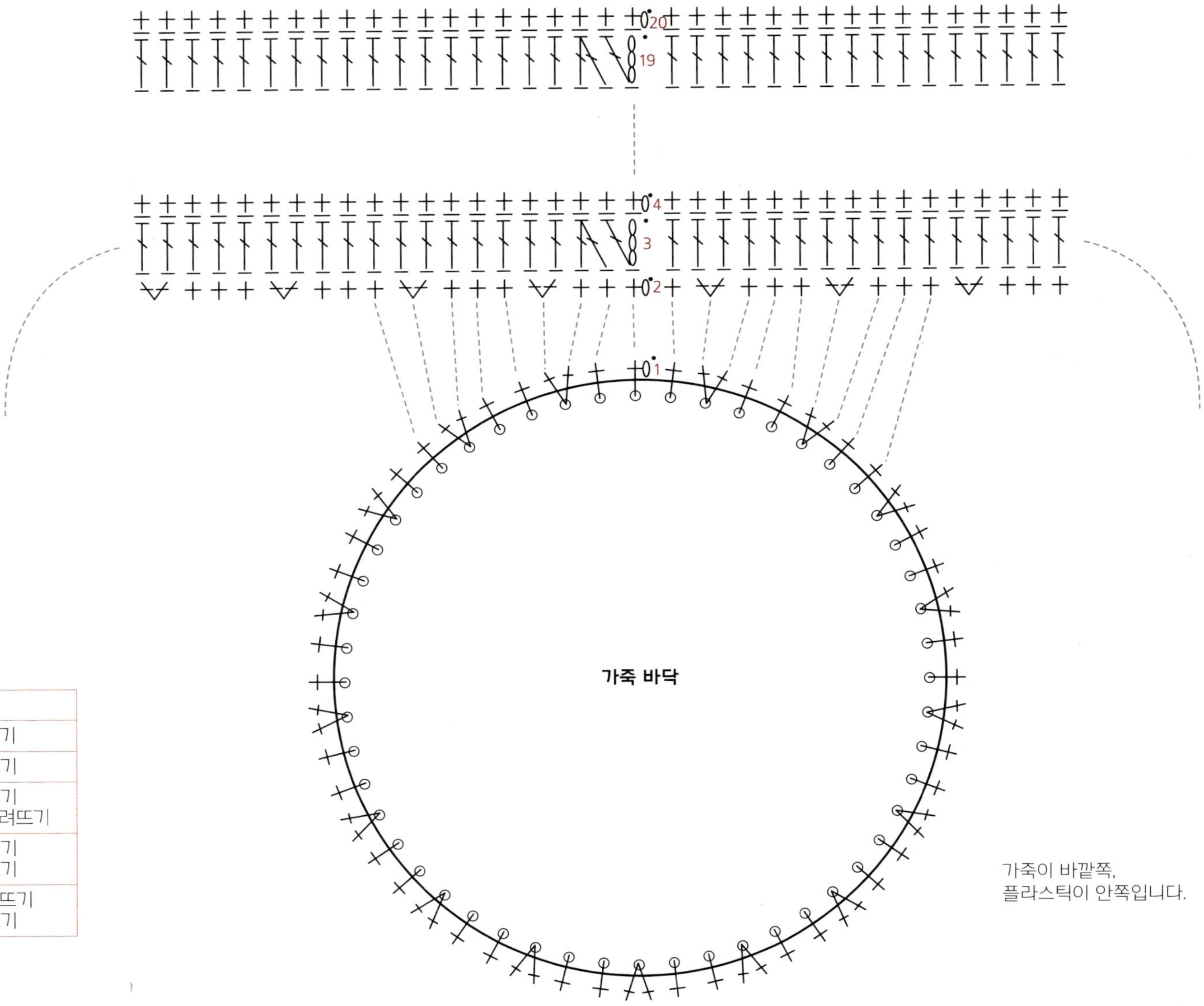

가죽 바닥

·	빼뜨기
○	사슬뜨기
+	짧은뜨기
↗	짧은뜨기 2코늘려뜨기
┼	짧은뜨기 이랑뜨기
┸	한길긴뜨기 이랑뜨기

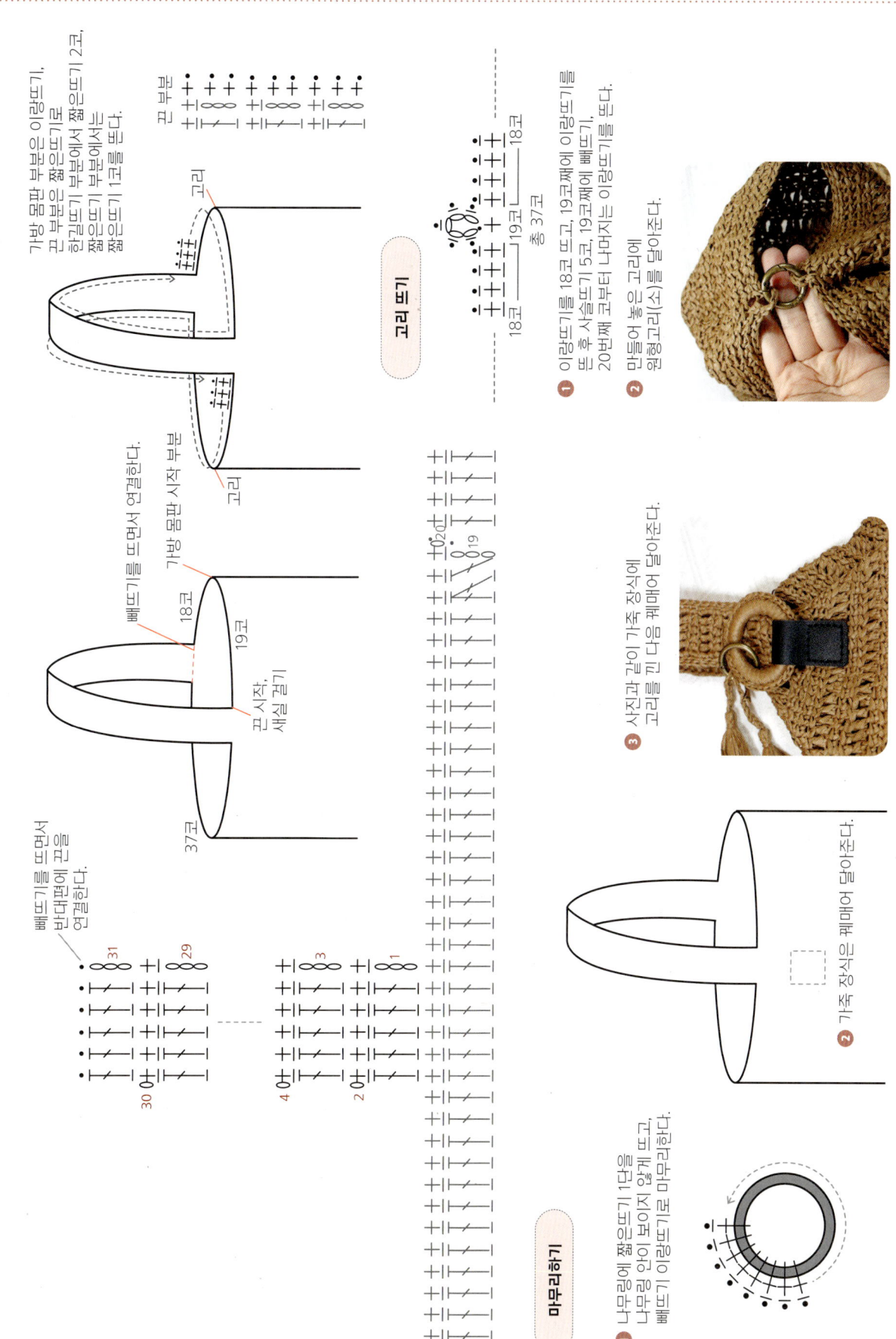

가방 몸판 부분은 이랑뜨기, 코 부분은 짧은뜨기로 한길뜨기 부분에서 짧은뜨기 2코, 짧은뜨기 부분에서는 짧은뜨기 1코를 뜬다.

고리

고리 뜨기

18코 ─── 19코 ─── 18코
총 37코

1 이랑뜨기를 18코 뜨고, 19코째에 이랑뜨기를 뜬 후 사슬뜨기 5코, 19코째에 빼뜨기, 20번째 코부터 나머지는 이랑뜨기를 뜬다.

2 만들어 놓은 고리에 열쇠고리(소)를 달아준다.

3 사진과 같이 가죽 장식에 고리를 끼운 다음 꿰매어 달아준다.

빼뜨기를 뜨면서 연결한다.

고리

가방 몸판 시작 부분

18코

19코

코 시작, 새실 걸기

37코

빼뜨기를 뜨면서 코을 반대편에 연결한다.

가방 코 뜨기

31 29
30 3   1
4   2
20 19 10칸

2 가죽 장식은 꿰매어 달아준다.

마무리하기

1 나머지에 짧은뜨기 1단을 뜨고, 나머지 링 안이 보이지 않게 뜨고, 빼뜨기로 이랑뜨기를 마무리한다.

겹짧은뜨기
쇼퍼백

난이도 · ★☆☆

가죽 판을 사용해 바닥을 잡고, 겹짧은뜨기를 반복해서 만든 가방이에요.
핸들을 취향에 따라 바꾸어 달면 다양한 느낌으로 연출할 수 있어요.
뜨개로 핸들을 떠서 사용해도 좋답니다.

◇ 크기   가로 28㎝, 세로 25㎝
◇ 준비물   모사용 코바늘 6/0호·타원형 가죽 바닥, 위빙 핸들, 체인 스트랩
            장식용 비즈(대, 중) 각 1개씩, 장식용 O링, 원형 가죽 여밈 단추
◇ 사용한 실 아바카 – 겨자색(9번) 240g, 진회색(18번) 240g

HOW TO MAKE 가죽 바닥을 사용해 아래에서 위로 무늬를 떠 올라가는 방식의 가방입니다.

가방 몸판 뜨기

코바늘 6/0호를 사용하여 가죽 바닥에 뜬다.

1단 도안을 참고하여 가죽 바닥에 기둥코 1코를 뜨고 짧은뜨기 2코, 짧은뜨기 1코에 2코 뜨기를 반복한다. 라운드 부분은 짧은뜨기 1코, 짧은뜨기 1코에 2코 뜨기를 반복한다.

2단 도안을 참고하여 코를 늘리면서 뜨면 108코가 된다.

3단~40단 3단부터는 기둥코 없이 뜬다. 시작 부분에 코수링을 걸어놓는다. 짧은뜨기 이랑뜨기 1코, 겹짧은뜨기 1코를 반복하면서 40단까지 뜬다.

가방 손잡이 뜨기

41단 짧은뜨기 이랑뜨기 1코, 겹짧은뜨기 1코, 짧은뜨기 이랑뜨기 1코, 사슬뜨기 22코, (겹짧은뜨기 1코, 짧은뜨기 이랑뜨기 1코)×17회, 사슬뜨기 22코, (겹짧은뜨기, 짧은뜨기 이랑뜨기 1코)×15회, 겹짧은뜨기 1코를 뜬다.

42단~44단 도안을 참고하여 겹짧은뜨기 1코, 짧은뜨기 이랑뜨기 1코를 반복하면서 3단을 뜬다.

45단 빼뜨기 1단을 뜬다.

마무리하기

태슬을 만들고, 비즈를 꿰어 가방에 장식한다. 안쪽에 원형 가죽 여밈 단추를 꿰매어 달아준다.

▶ 태슬 만들기

코바늘 가방으로 만든 가방

가방 바닥·몸판 뜨기

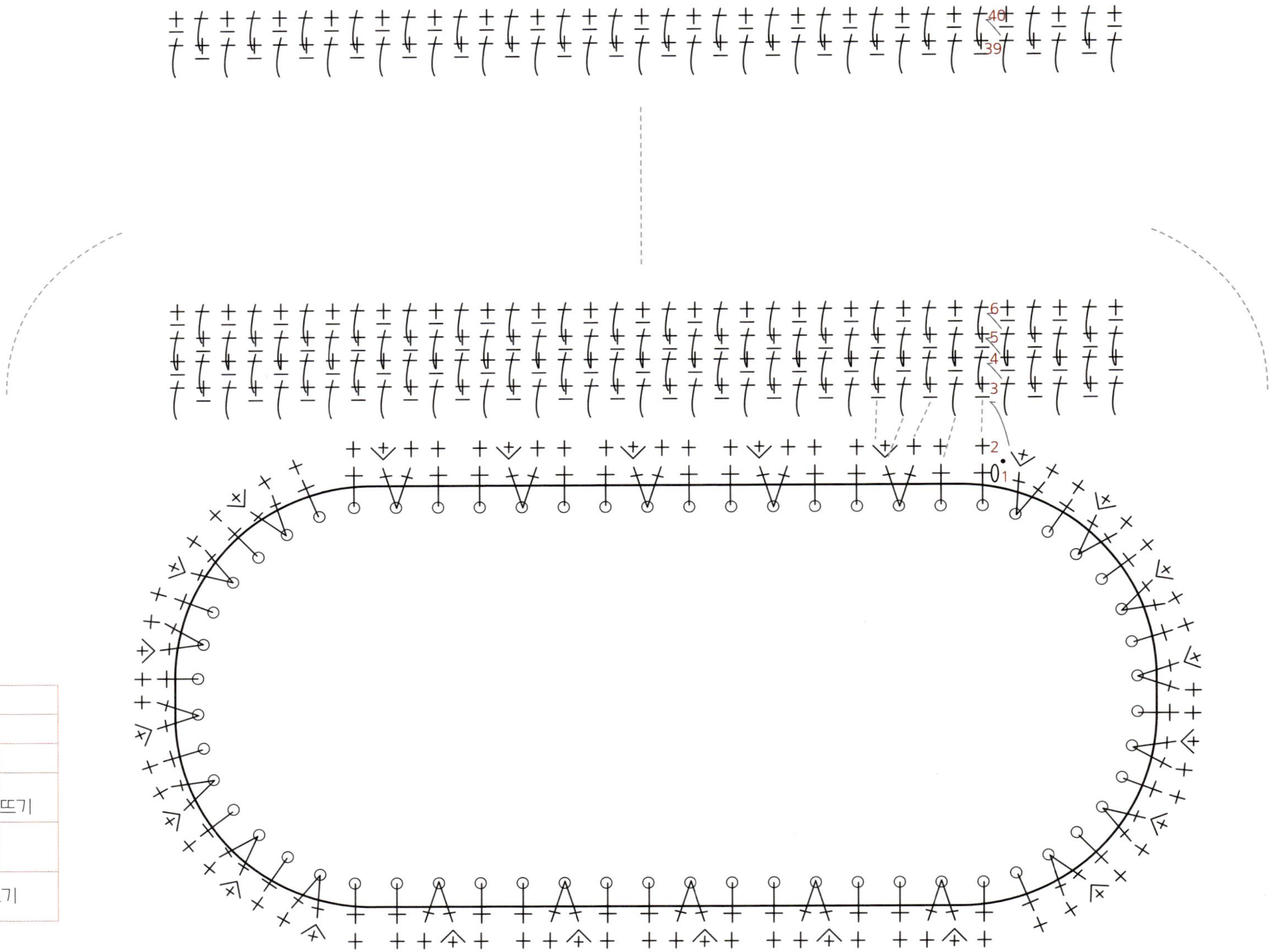

•	빼뜨기
0	사슬뜨기
+	짧은뜨기
⋏	짧은뜨기 2코 모아뜨기
⊥	짧은뜨기 이랑뜨기 짧은뜨기 코줍기
⊤	한길긴뜨기

가방 손잡이 뜨기

34코

45
44
43
42
41
40
39

사슬뜨기 22코

20코

34코

사슬뜨기 22코

20코

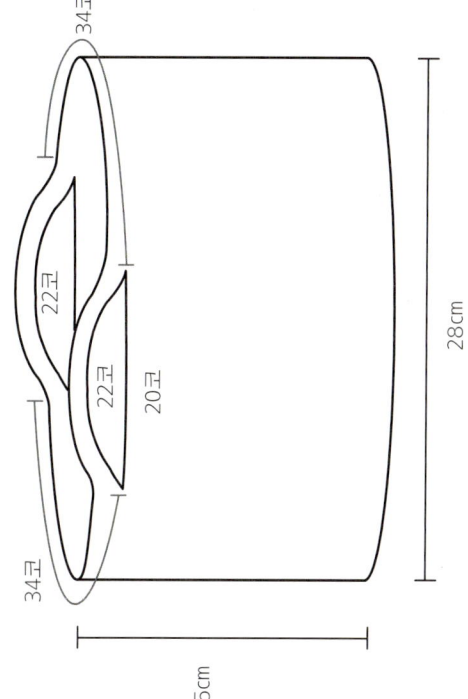

34코

22코

22코

20코

28cm

34코

25cm

투웨이
그래니 스퀘어백

난이도 ★★☆

자연스러운 그러데이션 실 한 볼이면 끝!
그래니 스퀘어뜨기를 기본으로 응용해서 만든 가방이에요.
끈 길이를 조절하면 토트형, 숄더형 두 가지 스타일로 연출이 가능하답니다.

◇ 크기 　　밑면 가로·세로 17㎝, 세로 약 25㎝, 끈 길이 약 70㎝
◇ 준비물 　　모사용 코바늘 8/0호, 돗바늘
◇ 사용한 실 　　필 트위스트 마크라메 케이크 – 그레이시 핑크색(135번) 250g, 허니브라운색(125번) 250g

HOW TO MAKE 　그래니 스퀘어 뜨기 기법으로 밑면을 만들고, 옆면을 떠 올라가는 방식의 가방입니다.

TIP 핸들(손잡이), 태슬을 미리 만들어 놓고 시작합니다. 타래의 겉쪽에서 실을 풀어 만들어 주세요.

가방 몸판 뜨기

코바늘 8/0호를 사용하여 원형코를 잡는다.(타래의 안쪽에서 실을 꺼내서 시작한다)

1단 기둥코 1코를 뜨고, 짧은뜨기 8코를 뜬 후 빼뜨기로 연결한다.

2단 기둥코 3코를 뜬 후 1코에 한길긴뜨기 2코, (사슬뜨기 2코, 한길긴뜨기 2코 늘려뜨기, 한길긴뜨기 1코, 한길긴뜨기 2코 늘려뜨기)×3회, 사슬뜨기 2코, 한길긴뜨기 2코 늘려뜨기, 빼뜨기로 연결한다.

3단 기둥코 1코를 뜨고, 짧은뜨기 1코, 짧은뜨기 이랑뜨기 2코, 짧은뜨기 2코, (사슬뜨기 2코, 짧은뜨기 2코, 짧은뜨기 이랑뜨기 5코, 짧은뜨기 2코)×3회, 사슬뜨기 2코, 짧은뜨기 2코, 짧은뜨기 이랑뜨기 2코, 빼뜨기로 연결한다.

4단 기둥코 3코를 뜬 후 한길긴뜨기 이랑뜨기 4코, 한길긴뜨기 2코 늘려뜨기, (사슬뜨기 2코, 한길긴뜨기 2코 늘려뜨기, 한길긴뜨기 이랑뜨기 9코, 한길긴뜨기 2코 늘려뜨기)×3회, 사슬뜨기 2코, 한길긴뜨기 2코 늘려뜨기, 한길긴뜨기 이랑뜨기 4코, 빼뜨기로 연결한다.

5단 기둥코 1코를 뜨고, 짧은뜨기 1코, 짧은뜨기 이랑뜨기 6코, 짧은뜨기 2코, (사슬뜨기 2코, 짧은뜨기 2코, 짧은뜨기 이랑뜨기 13코, 짧은뜨기 2코)×3회, 사슬뜨기 2코, 짧은뜨기 2코, 짧은뜨기 이랑뜨기 6코, 빼뜨기로 연결한다.

6단 기둥코 3코를 뜬 후 한길긴뜨기 이랑뜨기 8코, 한길긴뜨기 2코 늘려뜨기, (사슬뜨기 2코, 한길긴뜨기 2코 늘려뜨기, 한길긴뜨기 이랑뜨기 17코, 한길긴뜨기 2코 늘려뜨기)×3회, 사슬뜨기 2코, 한길긴뜨기 2코 늘려뜨기, 한길긴뜨기 이랑뜨기 8코, 빼뜨기로 연결한다.

7단 기둥코 1코를 뜨고, 짧은뜨기 이랑뜨기로 뜨면서 각 면의 중앙의 한 코씩은 건너서 뜬 후 빼뜨기로 연결한다.

8단 기둥코 3코를 뜬 후 한길긴뜨기 이랑뜨기 10코, (사슬뜨기 2코, 한길긴뜨기 이랑뜨기 22코)×3회, 사슬뜨기 2코, 한길긴뜨기 이랑뜨기 11코, 빼뜨기로 연결한다.

9단 기둥코 1코를 뜬 후 짧은뜨기 이랑뜨기 10코, (짧은뜨기 3코, 짧은뜨기 이랑뜨기 20코)×3회, 짧은뜨기 3코, 짧은뜨기 이랑뜨기 10코, 빼뜨기로 연결한다.

10단 빼뜨기 1코를 떠서 시작 위치를 이동한다. 기둥코 3코를 뜬 후 (사슬뜨기 1코, 한길긴뜨기 이랑뜨기 1코)×5회, 사슬뜨기 2코, 한길긴뜨기 이랑뜨기 22코, 사슬뜨기 2코, (한길긴뜨기 이랑뜨기1코, 사슬뜨기1코)×5회, 한길긴뜨기 이랑뜨기 1코, (한길긴뜨기 이랑뜨기 1코, 사슬뜨기1코)×5회, 한길긴뜨기 이랑뜨기 1코, 사슬뜨기 2코, 한길긴뜨기 이랑뜨기 22코, 사슬뜨기 2코, (한길긴뜨기 이랑뜨기 1코, 사슬뜨기1코)×5회, 한길긴뜨기 이랑뜨기 1코, 빼뜨기로 연결한다.

11단 9단을 1회 뜬다.

12단 빼뜨기 1코를 떠서 시작 위치를 이동한다. 기둥코 3코를 뜬 후 한길긴뜨기 이랑뜨기 10코, 사슬뜨기 2코, (한길긴뜨기 이랑뜨기 1코, 사슬뜨기 1코)×5회, 한길긴뜨기 이랑뜨기 1코, (한길긴뜨기 이랑뜨기 1코, 사슬뜨기 1코)×5회, 한길긴뜨기 이랑뜨기 1코, 사슬뜨기 2코, 한길긴뜨기 이랑뜨기 22코, 사슬뜨기 2코, (한길긴뜨기 이랑뜨기 1코, 사슬뜨기 1코)×5회, 한길긴뜨기 이랑뜨기 1코, (한길긴뜨기 이랑뜨기 1코, 사슬뜨기 1코)×5회, 한길긴뜨기 이랑뜨기 1코, 사슬뜨기 2코, 한길긴뜨기 이랑뜨기 11코, 빼뜨기로 연결한다.

13단 9단을 1회 뜬다.

14~25단 10~13단을 3회 뜬다.

26단 기둥코 1코를 뜬 후 짧은뜨기 이랑뜨기 11코, (사슬뜨기 2코, 짧은뜨기 이랑뜨기 22코)×3회, 사슬뜨기 2코, 짧은뜨기 이랑뜨기 11코, 빼뜨기로 연결한다.

27단 빼뜨기 이랑뜨기로 1단을 떠서 마무리한다.

가방 끈 뜨기

매듭 끈 만들기 동영상을 참고하여 뜬다.

마무리하기

사진을 참고하여 끈을 꿰어주고 마무리한다.

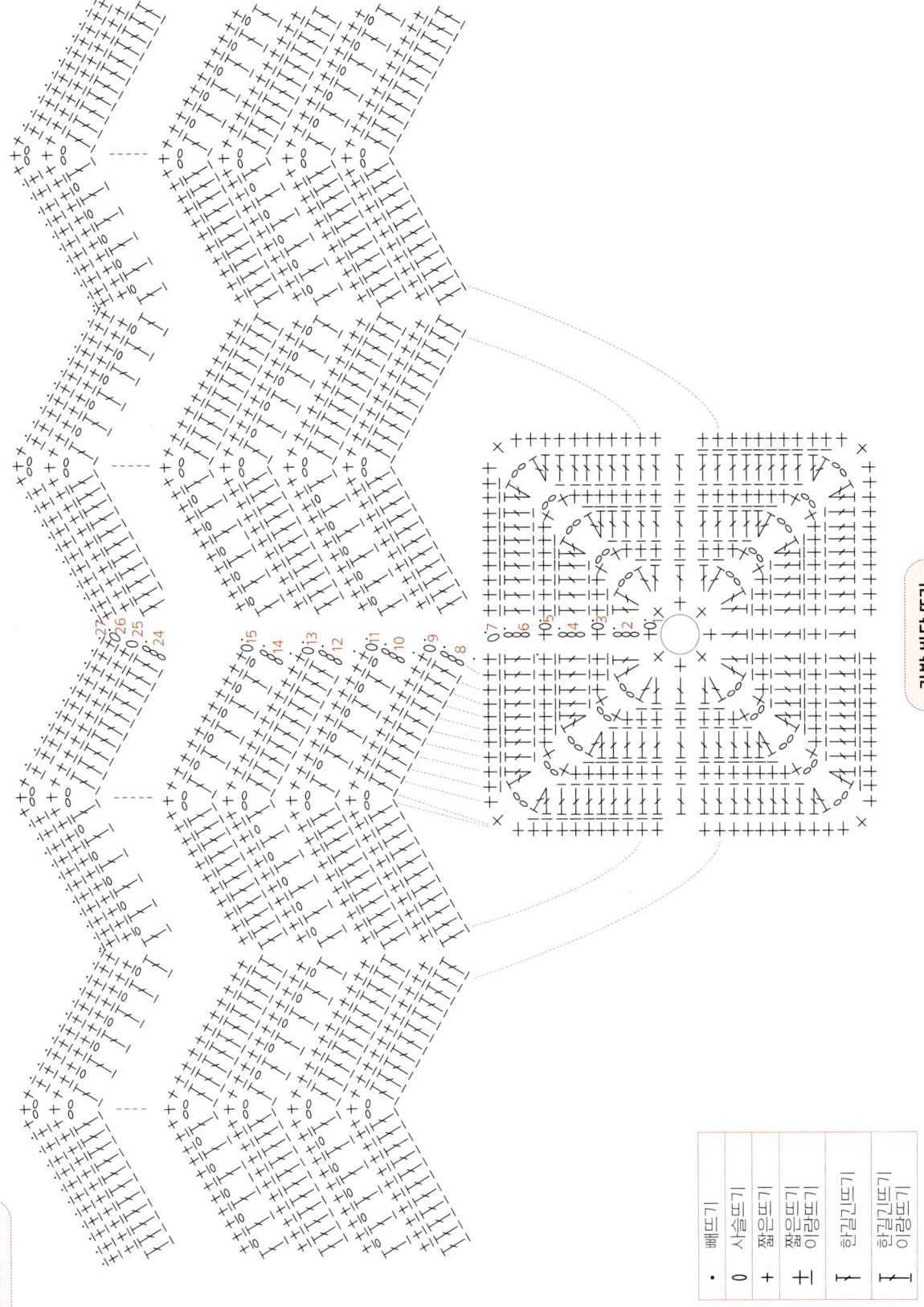

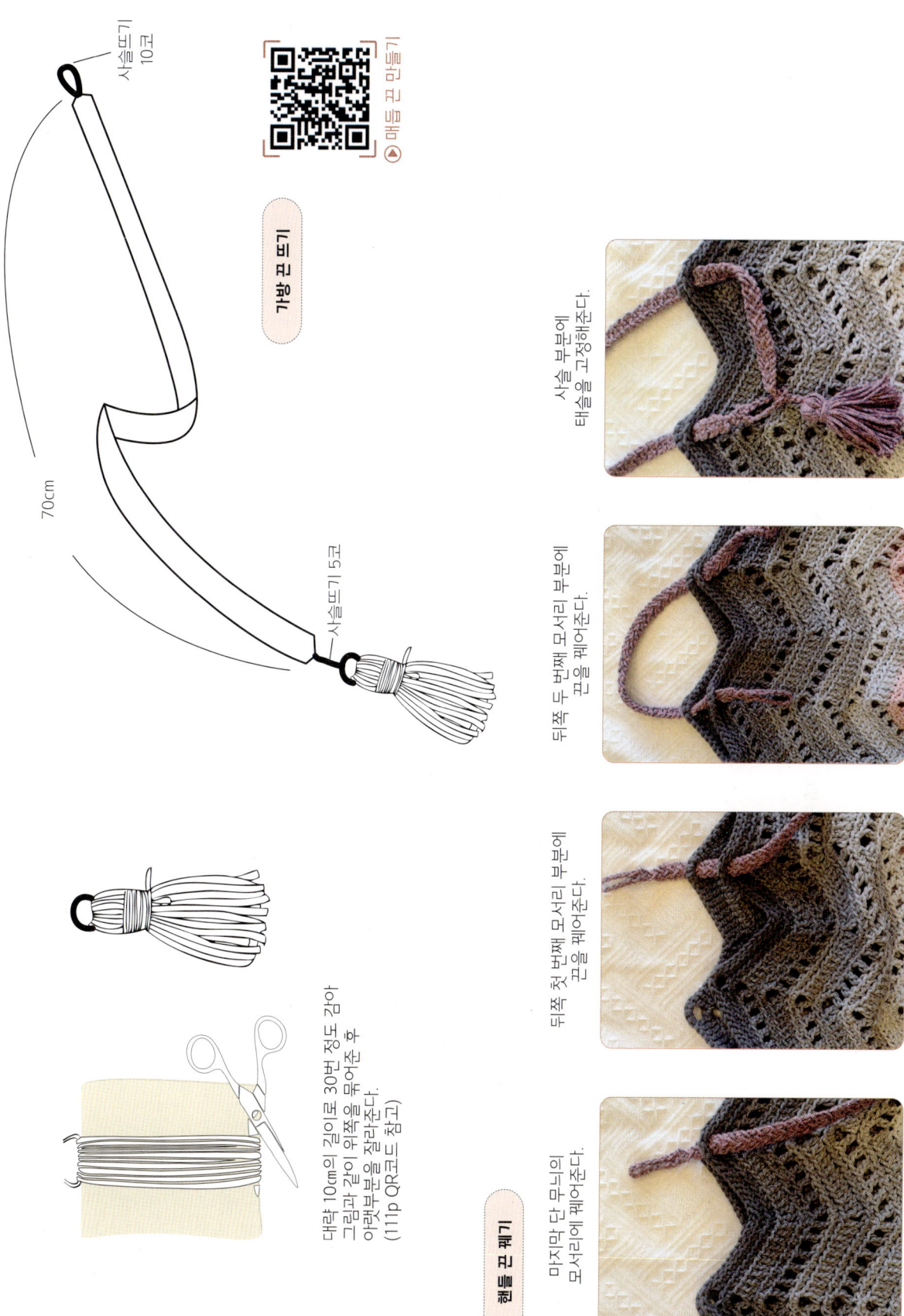

사슬뜨기 10코

가방 끈 뜨기

▶ 매듭 끈 만들기

70cm

사슬뜨기 5코

태슬 만들기

대략 10cm의 길이로 30번 정도 감아
그림과 같이 아래쪽을 묶어준 후
아랫부분을 잘라준다.
(11p QR코드 참고)

사슬 부분에
태슬을 고정해준다.

뒤쪽 두 번째 모서리 부분에
코를 꿰어준다.

뒤쪽 첫 번째 모서리 부분에
코를 꿰어준다.

해들 끈 꿰기

마지막 단 무늬의
모서리에 꿰어준다.

크로스형 모칠라백

난이도 ★★★

그러데이션 실을 사용해 모칠라백을 만들어 보았어요.
대비되는 배색의 실을 사용해 포인트를 살렸습니다.
크로스형 끈을 달아 실용성도 놓치지 않았어요.

◇ 크기   밑면 원형 지름 20㎝, 세로 약 26.5㎝, 크로스 끈 길이 약 115㎝, 조임 끈 길이 약 110㎝
◇ 준비물   모사용 코바늘 6/0호·8/0호, 돗바늘, 원형 가죽 밑판
◇ 사용한 실   솔 디그레이드 – 메인색 실(109번) 100g, 배색 실(18번) 200g

HOW TO MAKE   가죽 밑판을 사용하여 코를 잡고 이랑뜨기로 배색을 하며 아래에서 위로 떠 올라가는 방식입니다.

TIP   태슬, 크로스 끈, 조임 끈 등은 그러데이션 실 중 원하는 부분의 색으로 미리 만들어 놓고 시작하면 좋아요.

가방 몸판 뜨기(메인색 실-A, 배색 실-B)

코바늘 6/0호를 사용하여 원형 가죽 밑판에 A색 실로 시작한다.

1단 A색 실로 기둥코 1코를 뜬 후, 도안을 참고로 코를 늘려 가며 짧은뜨기 96코를 뜬다. 빼뜨기로 연결한다.

2단 A색 실로 기둥코 1코를 뜬 후, (짧은뜨기 이랑뜨기 5코, 짧은뜨기 이랑뜨기 1코에 2코 뜨기)×16회, 빼뜨기로 연결한다. (총112코)

3단 B색 실로 기둥코 1코를 뜬 후, 짧은뜨기 이랑뜨기 1단을 뜬다. 빼뜨기로 연결한다.

4단부터 모두 짧은뜨기 이랑뜨기로 뜬다.

4단 기둥코 1코를 뜬 후, (B색 7코, A색 7코)×8회, 빼뜨기로 연결한다.

5단 기둥코 1코를 뜬 후, B색 실로 1단을 뜬다. 빼뜨기로 연결한다.

6단 기둥코 1코를 뜬 후, (A색 1코, B색 1코, A색 4코, B색 1코, A색 1코, B색 1코, A색 4코, B색 1코)×8회, 빼뜨기로 연결한다.

7단 기둥코 1코를 뜬 후, (B색 1코, A색 4코, B색 1코, A색 1코, B색 1코, A색 1코, B색 1코, A색 4코)×8회, 빼뜨기로 연결한다.

8단 기둥코 1코를 뜬 후, (B색 1코, A색 3코, B색 1코, A색 1코, B색 1코, A색 1코, B색 1코, A색 1코, B색 1코, A색 3코)×8회, 빼뜨기로 연결한다.

9단 기둥코 1코를 뜬 후, (A색 3코, B색 1코, A색 1코, B색 1코, A색 1코, B색 1코, A색 1코, B색 3코, A색 2코)×8회, 빼뜨기로 연결한다.

10단 기둥코 1코를 뜬 후, (A색 2코, B색 1코, A색 1코, B색 1코, A색 1코, B색 1코, A색 1코, B색 5코, A색 1코)×8회, 빼뜨기로 연결한다.

11단 기둥코 1코를 뜬 후, (A색 1코, B색 1코, A색 1코, B색 1코, A색 1코, B색 1코, A색 3코, B색 5코)×8회, 빼뜨기로 연결한다.

12단 기둥코 1코를 뜬 후, (B색 1코, A색 1코, B색 1코, A색 1코, B색 1코, A색 5코, B색 4코)×8회, 빼뜨기로 연결한다.

13단 기둥코 1코를 뜬 후, (B색 2코, A색 1코, B색 1코, A색 3코, B색 1코, A색 3코, B색 3코)×8회, 빼뜨기로 연결한다.

14단 기둥코 1코를 뜬 후, (B색 3코, A색 4코, B색 1코, A색 4코, B색 2코)×8회, 빼뜨기로 연결한다.

15단 기둥코 1코를 뜬 후, (B색 3코, A색 3코, B색 1코, A색 1코, B색 1코, A색 3코, B색 2코)×8회, 빼뜨기로 연결한다.

16단 기둥코 1코를 뜬 후, (A색 1코, B색 1코, A색 4코, B색 1코, A색 1코, B색 1코, A색 4코, B색 1코)×8회, 빼뜨기로 연결한다.

17단 기둥코 1코를 뜬 후, (B색 1코, A색 1코, B색 1코, A색 4코, B색 1코, A색 4코, B색 1코, A색 1코)×8회, 빼뜨기로 연결한다.

18단 기둥코 1코를 뜬 후, (A색 1코, B색 1코, A색 1코, B색 1코, A색 3코, B색 1코, A색 3코, B색 1코, A색 1코, B색 1코)×8회, 빼뜨기로 연결한다.

19단 기둥코 1코를 뜬 후, (B색 1코, A색 1코, B색 1코, A색 1코, B색 1코, A색 5코, B색 3코, A색 1코)×8회, 빼뜨기로 연결한다.

20단 기둥코 1코를 뜬 후, (A색 1코, B색 1코, A색 1코, B색 1코, A색 1코, B색 1코, A색 3코, B색 5코)×8회, 빼뜨기로 연결한다.

21단 기둥코 1코를 뜬 후, (A색 2코, B색 1코, A색 1코, B색 1코, A색 1코, B색 1코, A색 1코, B색 5코, A색 1코)×8회, 빼뜨기로 연결한다.

22단 기둥코 1코를 뜬 후, (A색 3코, B색 1코, A색 1코, B색 1코, A색 1코, B색 5코, A색 2코)×8회, 빼뜨기로 연결한다.

23단 기둥코 1코를 뜬 후, (B색 1코, A색 3코, B색 1코, A색 1코, B색 5코, A색 3코)×8회, 빼뜨기로 연결한다.

24단 기둥코 1코를 뜬 후, (B색 1코, A색 4코, B색 5코, A색 4코)×8회, 빼뜨기로 연결한다.

25단 기둥코 1코를 뜬 후, (A색 1코, B색 1코, A색 3코, B색 5코, A색 3코, B색 1코)×8회, 빼뜨기로 연결한다.

26~35단 6단~15단까지 1회 뜬다.

36단 기둥코 1코를 뜬 후, B색 실로 1단을 뜬다. 빼뜨기로 연결한다.

37단 기둥코 1코를 뜬 후, (A색 7코, B색 7코)×8회, 빼뜨기로 연결한다.

38단 기둥코 1코를 뜬 후, B색 실로 1단을 뜬다. 빼뜨기로 연결한다.

39단 기둥코 1코를 뜬 후, (B색 7코, A색 7코)×8회, 빼뜨기로 연결한다.

40단 기둥코 1코를 뜬 후, B색 실로 1단을 뜬다. 빼뜨기로 연결한다.

41단 B색 실로 빼뜨기 1단을 떠서 마무리한다.

크로스 끈 뜨기

코바늘 6/0호를 사용하여 B색 실로 사슬뜨기 210코를 뜬다.

1단 기둥코 1코를 뜨고 짧은뜨기 210코를 뜬다. 사슬뜨기 1코를 뜨고, 마지막 코에 짧은뜨기, 사슬뜨기 1코, 짧은뜨기 210코, 사슬뜨기 1코를 뜬다. 마지막 코에 짧은뜨기, 사슬뜨기 1코를 뜬 후 빼뜨기로 연결한다.

2단 기둥코 1코를 뜨고, (짧은뜨기 1코, 겹짧은뜨기 1코)× 105회, 짧은뜨기 1코, 사슬뜨기 1코, 짧은뜨기 3코, 사슬뜨기 1코, (짧은뜨기 1코, 겹짧은뜨기 1코)×105회 반복, 짧은뜨기 1코, 사슬뜨기 1코, 짧은뜨기 3코, 사슬뜨기 1코, 짧은뜨기 1코를 뜬 후 빼뜨기로 연결한다.

3단 A색 실로 바꾸어 기둥코 1코를 뜨고, (겹짧은뜨기 1코, 짧은뜨기 1코)×106회, 사슬뜨기 1코, 짧은뜨기 5코, 사슬뜨기 1코, 짧은뜨기 2코, (겹짧은뜨기 1코, 짧은뜨기 1코)×106회, 사슬뜨기 1코, 짧은뜨기 5코, 사슬뜨기 1코, 짧은뜨기 2코를 뜬 후 빼뜨기로 연결한다.

4단 기둥코 1코를 뜨고, (겹짧은뜨기 1코, 짧은뜨기 1코)× 107회, 사슬뜨기 1코, 짧은뜨기 7코, 사슬뜨기 1코, 짧은뜨기 2코, (겹짧은뜨기 1코, 짧은뜨기 1코)×107회, 사슬뜨기 1코, 짧은뜨기 7코, 사슬뜨기 1코, 짧은뜨기 2코를 뜬 후 빼뜨기로 연결한다.

5단 B색 실로 바꾸어 기둥코 1코를 뜨고, (겹짧은뜨기 1코, 짧은뜨기 1코)×108회, 사슬뜨기 1코, 짧은뜨기 9코, 사슬뜨기 1코, 짧은뜨기 2코, (겹짧은뜨기 1코, 짧은뜨기 1코)×108회, 사슬뜨기 1코, 짧은뜨기 9코, 사슬뜨기 1코, 짧은뜨기 2코를 뜬 후 빼뜨기로 연결한다.

6단 빼뜨기 이랑뜨기로 1단을 뜬다.

조임 끈 뜨기

코바늘 8/0호를 사용하여 실을 2겹으로 하고 사슬뜨기로 총 110cm 뜬다.

태슬 만들기

실을 대략 12cm 길이로 30~40회 손에 감아준다. 태슬 만들기 동영상을 참고하여 마무리한다.

마무리하기

조임 끈을 가방 위쪽에 꿰어주고, 끝에 태슬을 달아준다. 크로스 끈을 가방 안쪽에 꿰매고 마무리한다.

▶ 이랑뜨기로 배색하기 ▶ 태슬 만들기

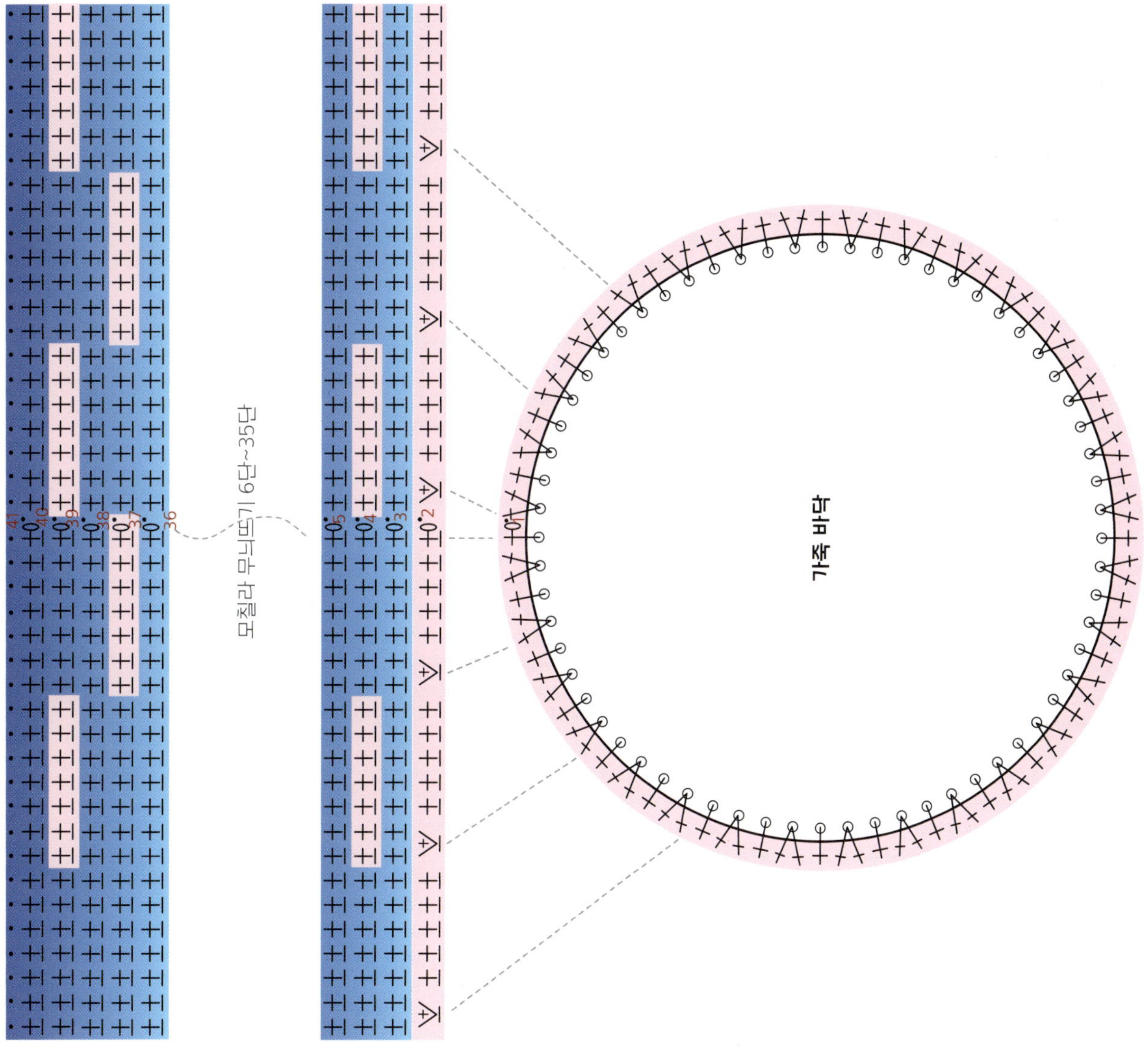

모칠란 무늬뜨기 6단~35단

가방 바닥

35단 30단 20단 10단 6단

시작

1무늬 14코 20단

메인색 실(A색)
배색 실(B색)
□ 十 二

배색무늬 뜨기

크바늘 가방으로 만드는 가방

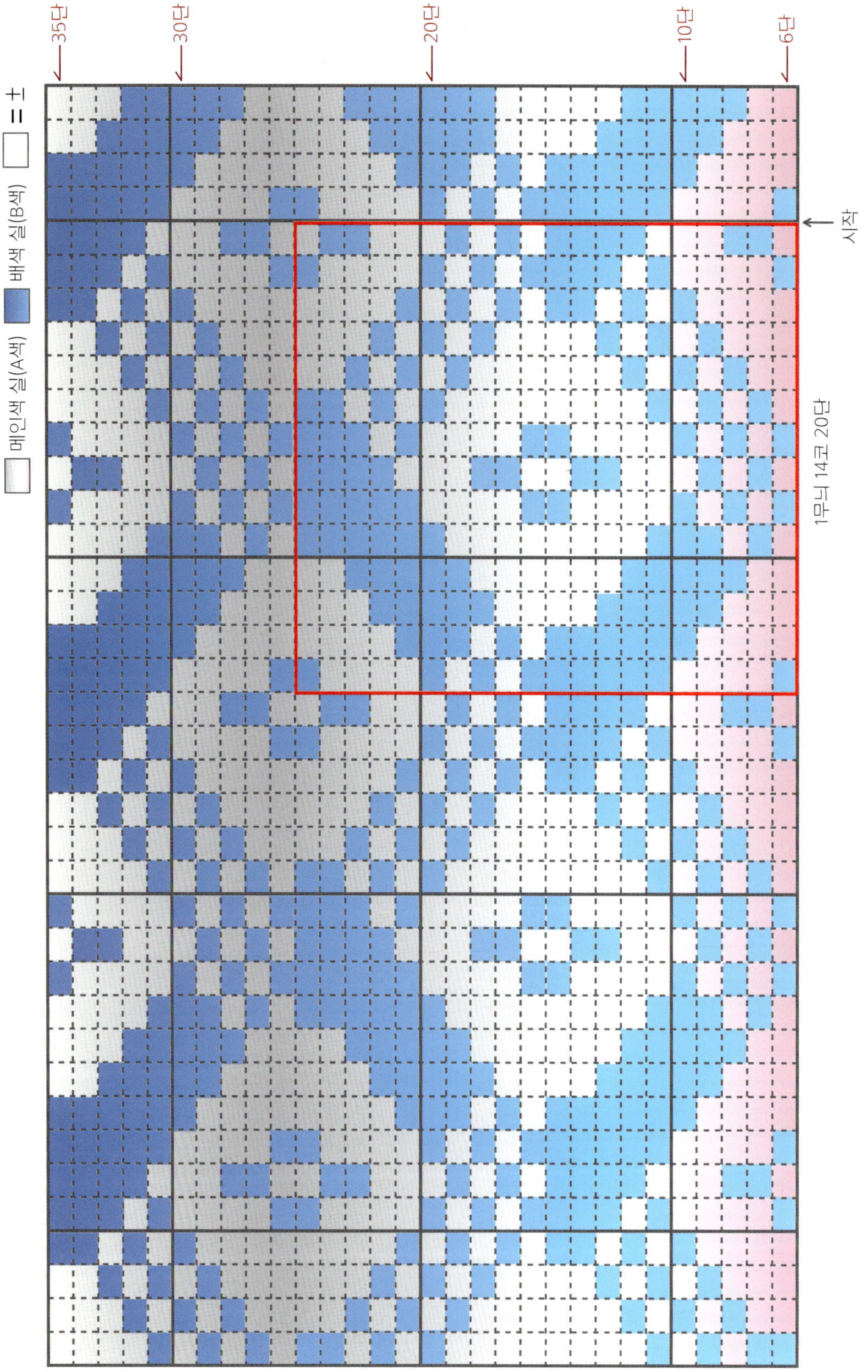

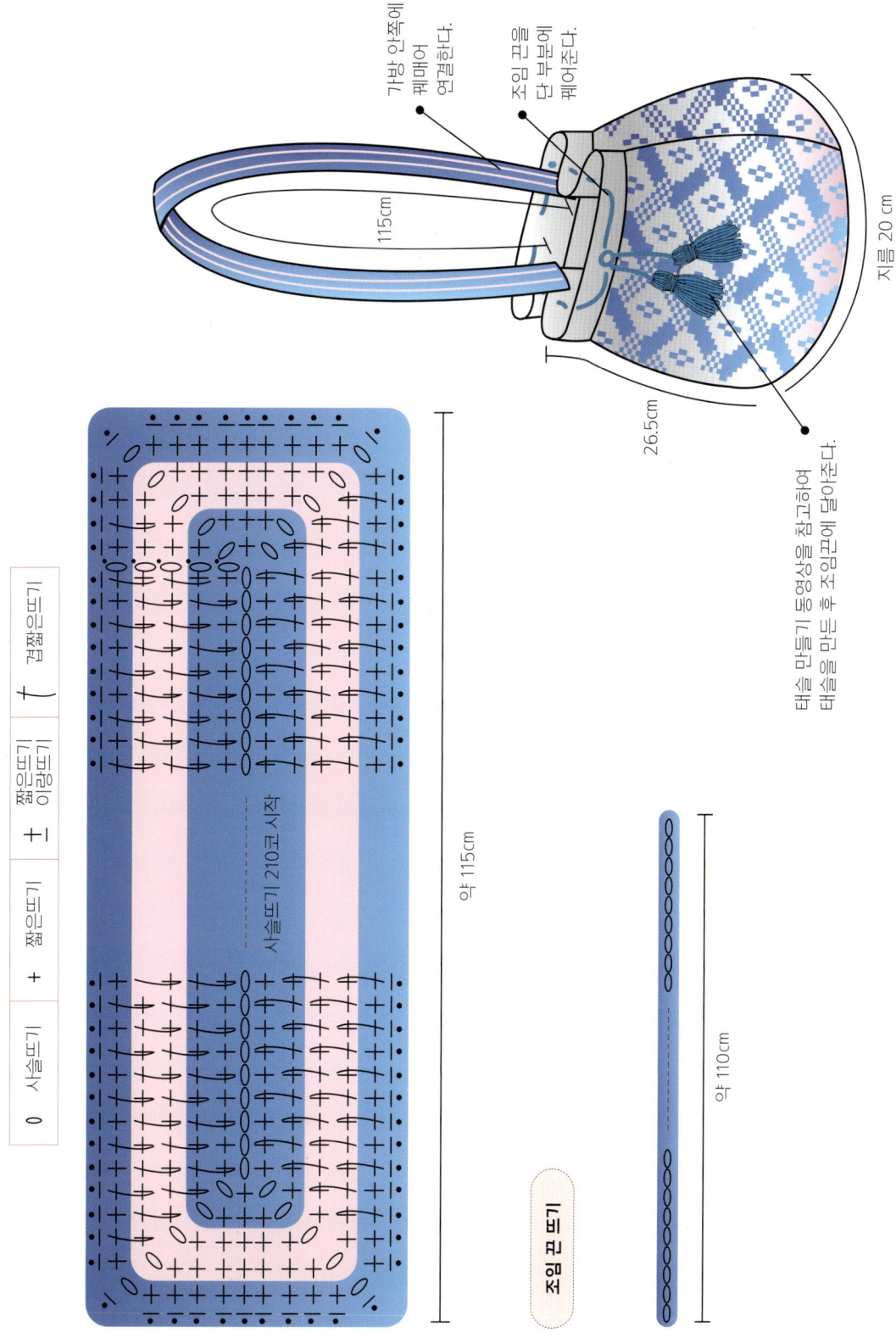

가방 안쪽에 꿰매어 연결한다.

조임 끈을 단 부분에 꿰어준다.

115cm

지름 20 cm

26.5cm

태슬을 만들어 동영상을 참고하여 만든 후 꿴 후 조임끈에 달아준다.

크로스 판 뜨기

사슬뜨기 210코 시작

약 115cm

0	사슬뜨기	+	짧은뜨기	┼	짧은이랑뜨기	┼	긴뜨기

조임 끈 뜨기

약 110cm

139

토트백형
모칠라백

난이도 ★★★

그러데이션 실로 배색을 넣은 모칠라백입니다.
짧은 손잡이를 달아 깜찍한 토트백 형태로 만들어 보았어요.

◇ 크기	밑면 원형 지름 20㎝, 세로 약 21㎝, 손잡이 길이 약 35㎝
◇ 준비물	모사용 코바늘 6/0호, 돗바늘, 플라스틱 고정 밑판, 원형 가죽 여밈 단추
◇ 사용한 실	솔디그레이드 – 메인색 실(109번) 100g, 배색 실(159번) 100g
	솜이 – 민트색(526번) 20g, 회색(533번) 20g, 핑크색(507번) 20g

HOW TO MAKE 원형코로 시작해서 바닥부터 배색 무늬를 뜨면서 위로 떠 올라가는 방식입니다.

가방 몸판 뜨기(메인색 실-C, 배색 실-D)

코바늘 6/0호를 사용하여 D색 실로 원형코를 만든다.

1단 D색 실로 기둥코 1코를 뜬 후, 짧은뜨기 8코, 빼뜨기로 연결한다.

2단 C색 실로 기둥코 1코를 뜬 후, 짧은뜨기 이랑뜨기 1코에 2코 늘려뜨기×8회, 빼뜨기로 연결한다. (총 16코)

3단부터 모두 짧은뜨기 이랑뜨기로 뜬다.

3단 기둥코 1코를 뜬 후, (C색 1코, 1코에 2코 늘려뜨기 (D색 1코, C색 1코))×8회, 빼뜨기로 연결한다. (총 24코)

4단 기둥코 1코를 뜬 후, (C색 1코, D색 1코에 2코 늘려뜨기, C색 1코)×8회, 빼뜨기로 연결한다. (총 32코)

5단 기둥코 1코를 뜬 후, (C색 1코, D색 1코, D색 1코에 2코 늘려뜨기, C색 1코)×8회, 빼뜨기로 연결한다. (총 40코)

6단 기둥코 1코를 뜬 후, (C색 1코, D색 1코, D색 1코에 2코 늘려뜨기, D색 1코, C색 1코)×8회, 빼뜨기로 연결한다. (총 48코)

7단 기둥코 1코를 뜬 후, (C색 1코, D색 1코에 2코 늘려뜨기, D색 3코, C색 1코)×8회, 빼뜨기로 연결한다. (총 56코)

8단 기둥코 1코를 뜬 후, (C색 1코, D색 4코, D색 1코에 2코 늘려뜨기, C색 1코)×8회, 빼뜨기로 연결한다. (총 64코)

9단 기둥코 1코를 뜬 후, (C색 1코, D색 1코에 2코 늘려뜨기, D색 5코, C색 1코)×8회, 빼뜨기로 연결한다. (총 72코)

10단 기둥코 1코를 뜬 후, (C색 1코, D색 6코, D색 1코에 2코 늘려뜨기, C색 1코)×8회, 빼뜨기로 연결한다. (총 80코)

11단 기둥코 1코를 뜬 후, (C색 1코, D색 1코에 2코 늘려뜨기, D색 7코, C색 1코)×8회, 빼뜨기로 연결한다. (총 88코)

12단 기둥코 1코를 뜬 후, (C색 2코, D색 6코, D색 1코에 2코 늘려뜨기, C색 2코)×8회, 빼뜨기로 연결한다. (총 96코)

13단 기둥코 1코를 뜬 후, (C색 3코, D색 1코에 2코 늘려뜨기, D색 5코, C색 3코)×8회, 빼뜨기로 연결한다. (총 104코)

14단 기둥코 1코를 뜬 후, (C색 4코, D색 4코, D색 1코에 2코 늘려뜨기, C색 4코)×8회, 빼뜨기로 연결한다. (총 112코)

15단 기둥코 1코를 뜬 후, (C색 5코, D색 1코에 2코 늘려뜨기, D색 3코, C색 5코)×8회, 빼뜨기로 연결한다. (총 120코)

16단 기둥코 1코를 뜬 후, (C색 6코, D색 2코, D색 1코에 2코 늘려뜨기, C색 6코)×8회, 빼뜨기로 연결한다. (총 120코)

17단 기둥코 1코를 뜬 후, (C색 7코, D색 1코에 2코 늘려뜨기, D색 1코, C색 7코)×8회, 빼뜨기로 연결한다. (총 128코)

18단 기둥코 1코를 뜬 후, (C색 8코, D색 1코, C색 8코)×8회, 빼뜨기로 연결한다. (총 136코)

19단 C색으로 기둥코 1코를 뜬 후, 짧은뜨기 이랑뜨기 24코, 짧은뜨기 이랑뜨기 2코 모아뜨기, (짧은뜨기 이랑뜨기 32코, 짧은뜨기 이랑뜨기 2코 모아뜨기)×3회, 짧은뜨기 이랑뜨기 8코, 빼뜨기로 연결한다. (총 132코)

20단 C색으로 기둥코 1코를 뜬 후, 짧은뜨기 이랑뜨기 132코, 빼뜨기로 연결한다.

21단 기둥코 1코를 뜬 후, (D색 4코, C색 1코, D색 1코, C색 1코, D색 1코, C색 1코, D색 5코, C색 1코, D색 1코, C색 1코, D색 1코, C색 1코, D색 3코)×6회, 빼뜨기로 연결한다.

22단 기둥코 1코를 뜬 후, (D색 1코, C색 3코, D색 1코, C색 5코, D색 3코, C색 5코, D색 1코, C색 3코)×6회, 빼뜨기로 연결한다.

23단 기둥코 1코를 뜬 후, (D색 1코, C색 2코, D색 1코, C색 1코, D색 13코, C색 1코, D색1코, C색 2코)×6회, 빼뜨기로 연결한다.

24단 기둥코 1코를 뜬 후, (D색 1코, C색 1코, D색 1코, C색 3코, D색 5코, C색 1코, D색 5코, C색 3코, D색 1코, C색 1코)×6회, 빼뜨기로 연결한다.

25단 기둥코 1코를 뜬 후, (D색 2코, C색 5코, D색 3코, C색 3코, D색 3코, C색 5코, D색 1코)×6회, 빼뜨기로 연결한다.

26단 기둥코 1코를 뜬 후, (D색 1코, C색 1코, D색 7코, C색 2코, D색 1코, C색 2코, D색 7코, C색 1코)×6회, 빼뜨기로 연결한다.

27단 기둥코 1코를 뜬 후, (D색 1코, C색 2코, D색 5코, C색 2코, D색 3코, C색 2코, D색 5코, C색 2코)×6회, 빼뜨기로 연결한다.

28단 기둥코 1코를 뜬 후, (D색 1코, C색 3코, D색 3코, C색 2코, D색 2코, C색 1코, D색 2코, C색 2코, D색 3코, C색 3코)×6회, 빼뜨기로 연결한다.

29단 기둥코 1코를 뜬 후, (D색 1코, C색 4코, D색 1코, C색 2코, D색 2코, C색 3코, D색 2코, C색 2코, D색 1코, C색 4코)×6회, 빼뜨기로 연결한다.

30단 28단을 1회 뜬다.

31단 27단을 1회 뜬다.

32단 26단을 1회 뜬다.

33단 25단을 1회 뜬다.

34단	24단을 1회 뜬다.
35단	23단을 1회 뜬다.
36단	22단을 1회 뜬다.
37단	21단을 1회 뜬다.
38단	기둥코 1코를 뜬 후, (D색 3코, C색 3코, D색 1코, C색 1코, D색 7코, C색 1코, D색 1코, C색 3코, D색 2코)×6회, 빼뜨기로 연결한다.
39단	기둥코 1코를 뜬 후, (D색 2코, C색 5코, D색 1코, C색 3코, D색 1코, C색 3코, D색 1코, C색 5코, D색 1코)×6회, 빼뜨기로 연결한다.
40단	기둥코 1코를 뜬 후, (D색 7코, C색 1코, D색 1코, C색 2코, D색 1코, C색 2코, D색 1코, C색 1코, D색 6코)×6회, 빼뜨기로 연결한다.
41단	기둥코 1코를 뜬 후, (C색 1코, D색 5코, C색 3코, D색 1코, C색 1코, D색 1코, C색 1코, D색 1코, C색 3코, D색 5코)×6회, 빼뜨기로 연결한다.
42단	기둥코 1코를 뜬 후, (C색 2코, D색 3코, C색 5코, D색 3코, C색 5코, D색 3코, C색 1코)×6회, 빼뜨기로 연결한다.
43단	기둥코 1코를 뜬 후, (D색 1코, C색 2코, D색 7코, C색 1코, D색 1코, C색 1코, D색 7코, C색 2코)×6회, 빼뜨기로 연결한다.
44단	기둥코 1코를 뜬 후, (D색 2코, C색 2코, D색 5코, C색 2코, D색 1코, C색 2코, D색 5코, C색 2코, D색 1코)×6회, 빼뜨기로 연결한다.
45단	기둥코 1코를 뜬 후, (C색 1코, D색 2코, C색 2코, D색 3코, C색 3코, D색 1코, C색 3코, D색 3코, C색 2코, D색 2코)×6회, 빼뜨기로 연결한다.
46단	기둥코 1코를 뜬 후, (C색 2코, D색 2코, C색 2코, D색 1코, C색 4코, D색 1코, C색 4코, D색 1코, C색 2코, D색 2코, C색 1코)×6회, 빼뜨기로 연결한다.
47단	45단을 1회 뜬다.
48단	44단을 1회 뜬다.
49단	43단을 1회 뜬다.
50단	42단을 1회 뜬다.
51단	41단을 1회 뜬다.
52단	40단을 1회 뜬다.
53단	39단을 1회 뜬다.
54단	38단을 1회 뜬다.

55단	21단을 1회 뜬다.
56단	22단을 1회 뜬다.
57단	23단을 1회 뜬다.
58단	24단을 1회 뜬다.
59단	25단을 1회 뜬다.

손잡이 만들기

솜이실 3색 실을 8가닥씩 대략 40cm 길이로 잘라준다. 땋으면서 길이가 달라지므로 길이를 여유 있게 잘라준다.

3가지 색을 머리 땋기 방법으로 땋아서 손잡이를 만들어준다.

마무리하기

손잡이를 가방에 꿰매어 달아준다.

가방 안쪽 바닥에 플라스틱 밑판을 꿰매어 고정하고, 원형 가죽 여밈 단추를 안쪽에 꿰매어 준다.

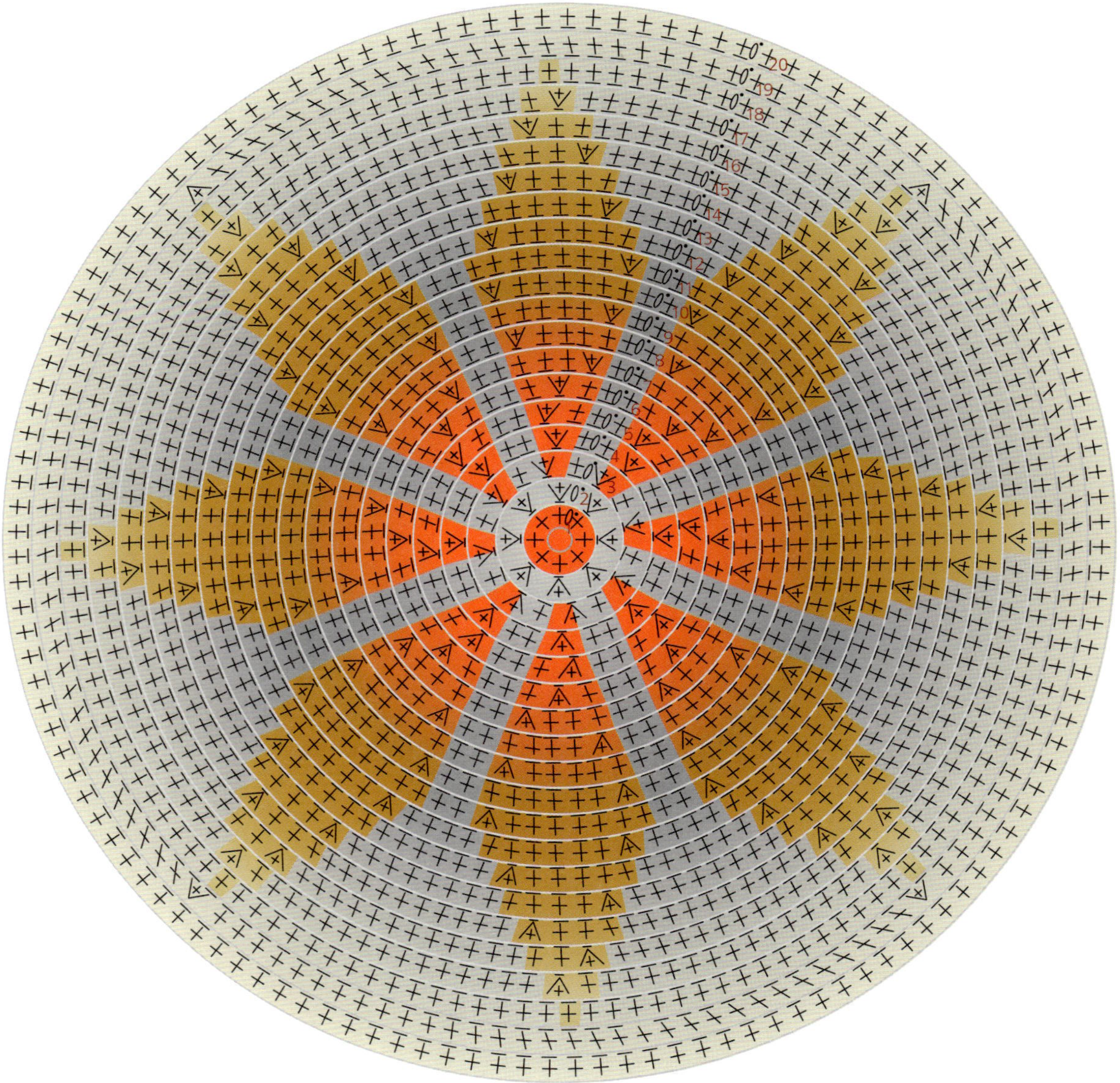

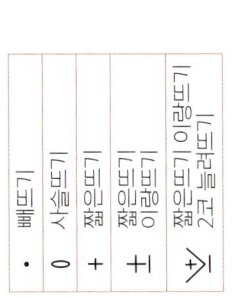

·	빼뜨기
0	사슬뜨기
+	짧은뜨기
╈	한길긴뜨기
⋏	짧은뜨기 2코 늘려뜨기 짧은뜨기 1코 이랑뜨기

손잡이 만들기

3가지 색 실을 머리땋기 방식으로 땋은 후 가방 안쪽 테에 꿰매어 달아준다.

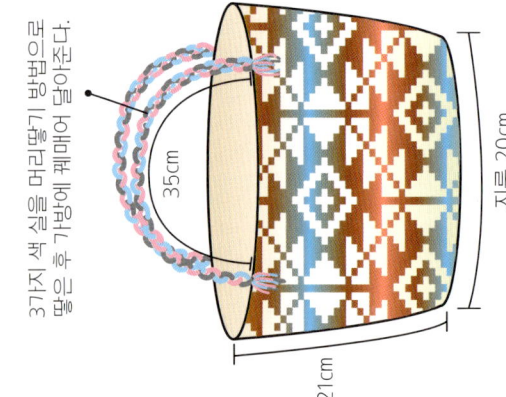

+ = 十

□ 배색 실(D색)

■ 배색 실

□ 메인색 실(C색)

□ 메인색 실

← 시작

1무늬 22코 34단

가방 몸판 (몸통) 뜨기

비비드 컬러 클러치백
& 알록달록 뜨개 스트랩

난이도 ★☆☆

짜임이 있는 굵은 실과 굵은 바늘로 2시간이면 뜰 수 있는 클러치백입니다.
뜨개로 만든 끈을 연결하면 크로스백으로도 활용 가능해요.
비비드한 컬러로 여러 개 만들어두고 다양하게 활용해 보세요!

◇ 크기　　　　가로 25㎝, 세로 18㎝
◇ 준비물　　　모사용 코바늘 7㎜, 코바늘 2/0호, 가방 연결 고리 1쌍, 끈 조절 고리 1개, 장식용 키링
◇ 사용한 실　　(클러치백) 안 파스타 – 루꼴라(8번)·에그(3번)·마린(13번) 각 250g씩
　　　　　　　(뜨개 스트랩) 밀톤 – 그린복합색(50번)·레드복합색(9번) 각 50g씩

HOW TO MAKE 사슬코를 잡아 기둥코 없이 떠서 올라가는 방식의 가방입니다.

몸판 뜨기

코바늘 7mm를 사용하여 사슬뜨기로 27코를 뜬다.

1단   짧은뜨기로 26코를 뜨고, 마지막 코에 짧은뜨기 3코, 반대쪽 사슬에 짧은뜨기 25코, 짧은뜨기 2코를 뜬다.

2단~16단   짧은뜨기 이랑뜨기로 56코를 뜬다. (기둥코 없이 뜬다)

17단   빼뜨기 이랑뜨기로 56코를 뜬다.

마무리하기

안감과 지퍼를 달아준다.

뜨개 스트랩 뜨기

코바늘 2/0호를 사용하여 사슬뜨기로 280코를 뜬다.

1단   기둥코 1코를 뜨고 짧은뜨기 280코를 뜬다. 사슬뜨기 1코를 뜨고, 마지막 코에 짧은뜨기, 사슬뜨기 1코, 짧은뜨기 280코, 사슬뜨기 1코를 뜨고 마지막 코에 짧은뜨기, 사슬뜨기 1코를 뜬 후 빼뜨기로 연결한다.

2단   기둥코 1코를 뜨고, (짧은뜨기 1코, 겹짧은뜨기 1코)×140회, 짧은뜨기 1코, 사슬뜨기 1코, 짧은뜨기 3코, 사슬뜨기 1코, (짧은뜨기 1코, 겹짧은뜨기 1코)×140회, 짧은뜨기 1코, 사슬뜨기 1코, 짧은뜨기 3코, 사슬뜨기 1코, 짧은뜨기 1코를 뜬 후 빼뜨기로 연결한다.

3단   기둥코 1코를 뜨고, (겹짧은뜨기 1코, 짧은뜨기 1코)×141회, 사슬뜨기 1코, 짧은뜨기 5코, 사슬뜨기 1코, 짧은뜨기 2코, (겹짧은뜨기 1코, 짧은뜨기 1코)×141회, 사슬뜨기 1코, 짧은뜨기 5코, 사슬뜨기 1코, 짧은뜨기 2코를 뜬 후 빼뜨기로 연결한다.

4단   빼뜨기 이랑뜨기로 1단을 뜬다.

가방 연결고리에 그림과 같이 끈을 감아준 뒤 감침질로 꿰매어 고정한다.

▶ 뜨개스트랩에 연결고리 달기

KNITTING CHART

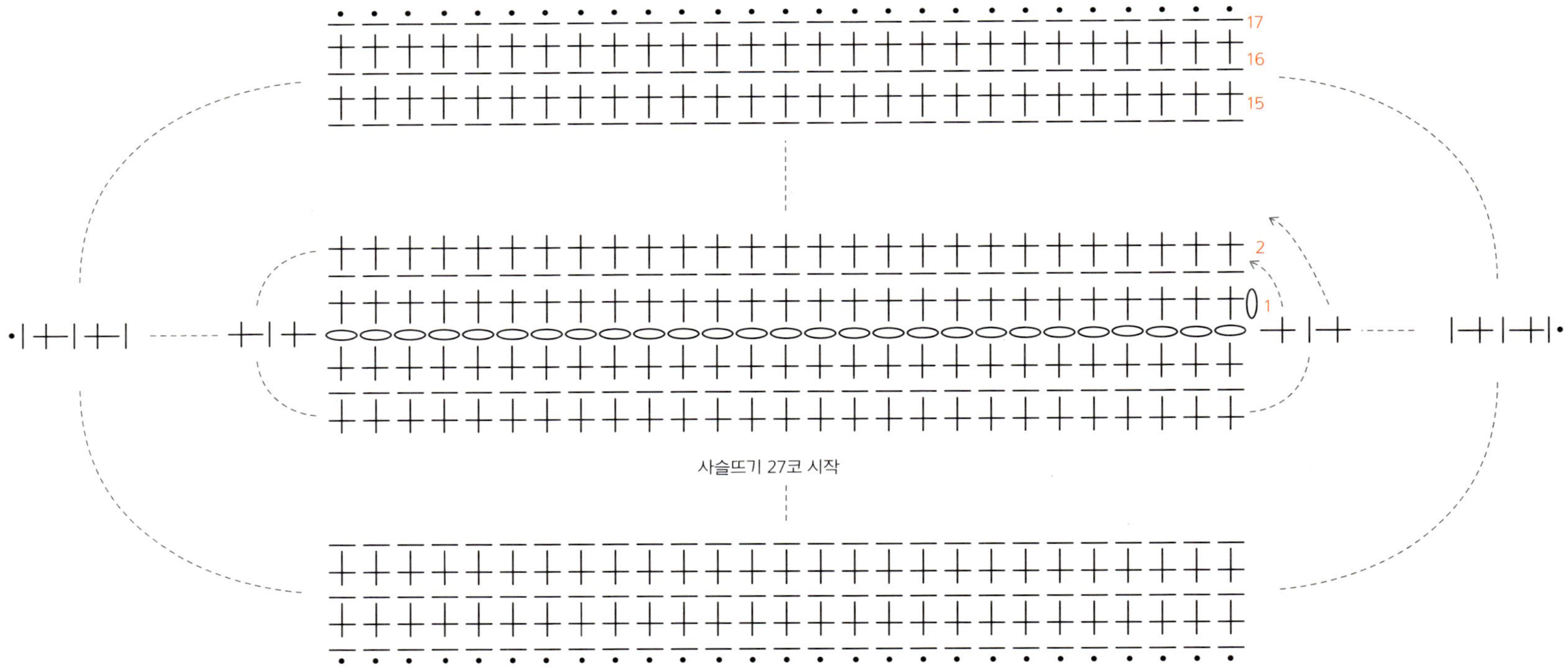

사슬뜨기 27코 시작

시작 콧금뜨기

17 16 15 2 1 0

짧은긴뜨기 ⅄	
짧은이랑뜨기 ㅏ	
짧은뜨기 +	
사슬뜨기 0	
빼뜨기 이랑뜨기 •	

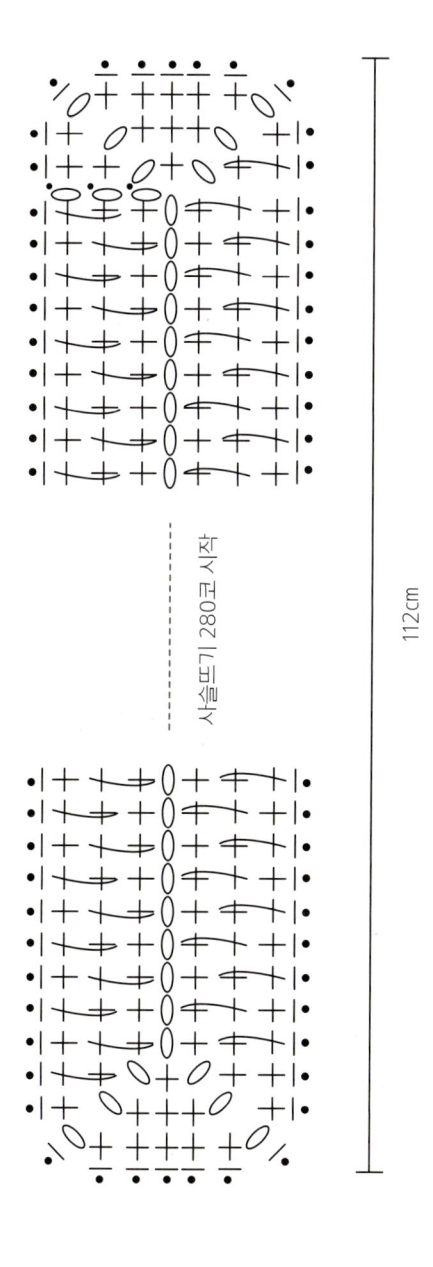

사슬뜨기 280코 시작

112cm

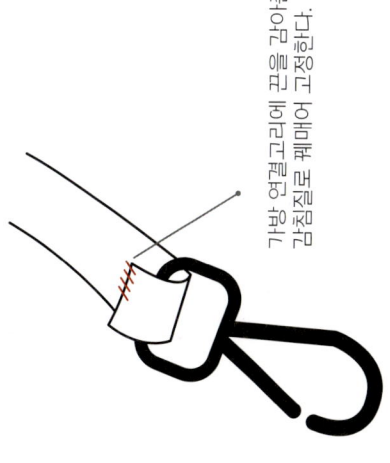

가방 연결고리에 끈을 감아준 뒤
감침질로 제매어 고정한다.

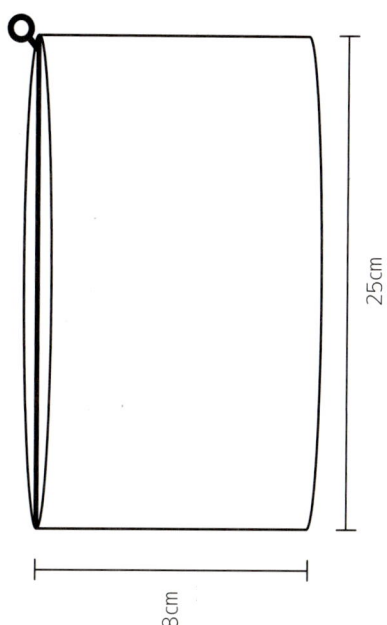

25cm

18cm

스트랩 뜨기

Lesson **2**

대바늘
기법으로
만든
가방

그러데이션 플리츠 가방

난이도 ★★☆

대바늘 겉뜨기와 안뜨기로 주름 느낌을 살린 플리츠 가방이에요.
겉뜨기, 안뜨기로만 만들 수 있는 비교적 쉬운 가방이랍니다.
양쪽 끈 길이가 달라 긴 끈에 짧은 끈을 끼워들고 다니면 너무 귀여워요.

◇ **크기**   가로 30㎝, 세로 28㎝, 끈 길이(긴 부분) 32㎝
◇ **준비물**   대바늘 5㎜, 모사용 코바늘 8/0호, 돗바늘, 장식용 비즈(대, 소) 각 1개씩
◇ **사용한 실**   필 트위스트 마크라메 케이크 – 블랙앤화이트색(101번)·베이비샤베트색(103번) 각 250g씩

HOW TO MAKE   가로로 시작해서 옆선을 꿰매어 가방 모양을 만들어 주고, 입구에서 코를 잡아 끈을 만들어 주었어요.

가방 몸판 뜨기

5mm 바늘을 사용하여 일반 코잡기로 84코를 잡는다.

1단	안뜨기 42코, 겉뜨기 42코를 뜬다.
2단	겉뜨기 42코, 안뜨기 42코를 뜬다.
3~6단	1~2단을 2회 반복한다.
7단	겉뜨기 42코, 안뜨기 42코를 뜬다.
8단	안뜨기 42코, 겉뜨기 42코를 뜬다.
9~12단	7~8단을 2회 반복한다.
13단~72단	1~12단까지 5회 반복한다.

덮어씌워 코막음으로 느슨하게 마무리한다. 그림을 참고하여 점선의 모양대로 접어 옆선을 돗바늘로 꿰매어 연결한다.

가방 끈 뜨기

입구 부분에서 대략 2코 잡고, 1코 띄고, 2코 잡고 1코 띄기를 반복해서 코를 잡아 총 96코를 잡는다.

원형뜨기(둘레뜨기)로 안뜨기 1단, 겉뜨기 1단, 안뜨기 1단을 뜬다. (총 3단)

5코 코막음을 하고 11코를 겉뜨기로 뜬다. 남은 코는 다른 바늘에 걸어 두고 11코만 가지고 끈을 뜬다.

겉뜨기로 18단을 뜬 후 쉼코로 둔다. (1번 끈)

남겨 두었던 첫코에 새 실을 걸어 16코 코막음, 처음 끈과 같은 방법으로 11코만 겉뜨기로 40단을 뜬 후 쉼코로 둔다. (2번 끈)

남겨 두었던 첫코에 새 실을 걸어 10코 코막음, 처음 끈과 같은 방법으로 11코만 겉뜨기로 40단을 뜬 후 쉼코로 둔다. (3번 끈)

남겨 두었던 첫코에 새 실을 걸어 16코 코막음, 처음 끈과 같은 방법으로 11코만 겉뜨기로 18단을 뜬 후 쉼코로 둔다. (4번 끈)

남겨 두었던 첫코에 새 실을 걸어 5코 코막음을 하고 실을 자른다.

마무리하기

가방의 안쪽이 나오게 뒤집은 후, 1번 끈과 4번 끈의 겉과 겉을 맞대고 2코를 한꺼번에 떠서 덮어씌워 코막음을 한다. 2번 끈과 3번 끈의 겉과 겉을 맞대고 2코를 한꺼번에 떠서 덮어씌워 코막음을 한다.

다시 가방 겉면이 나오게 뒤집는다. 그림과 같이 끈의 옆선을 꿰매어 동그랗게 만들어준다. 태슬을 만들어 비즈를 꿰고, 가방에 장식하여 마무리한다.

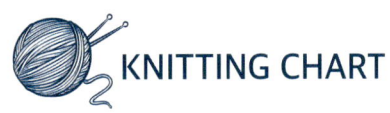

가방 몸판 뜨기

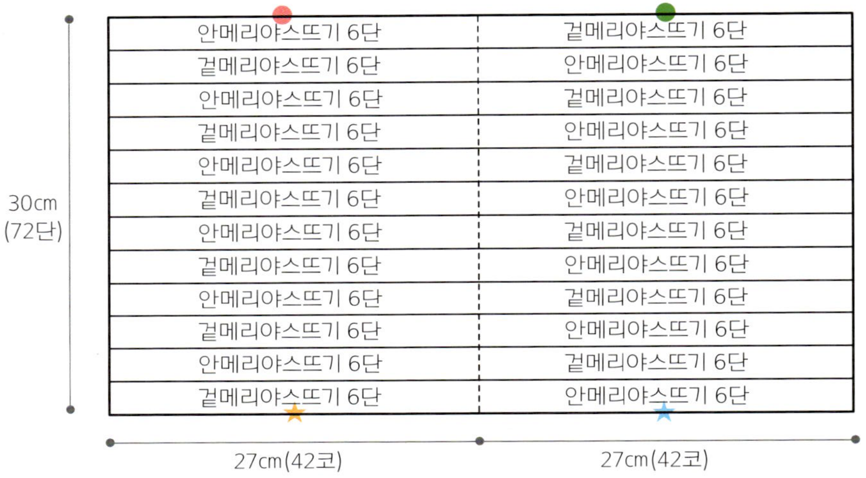

안메리야스뜨기 6단
겉메리야스뜨기 6단
안메리야스뜨기 6단
겉메리야스뜨기 6단
안메리야스뜨기 6단
겉메리야스뜨기 6단
안메리야스뜨기 6단
겉메리야스뜨기 6단
안메리야스뜨기 6단
겉메리야스뜨기 6단
안메리야스뜨기 6단
겉메리야스뜨기 6단
겉메리야스뜨기 6단
안메리야스뜨기 6단
겉메리야스뜨기 6단
안메리야스뜨기 6단
겉메리야스뜨기 6단
안메리야스뜨기 6단
겉메리야스뜨기 6단
안메리야스뜨기 6단
겉메리야스뜨기 6단
안메리야스뜨기 6단
겉메리야스뜨기 6단
안메리야스뜨기 6단
30cm (72단)
27cm(42코)
27cm(42코)

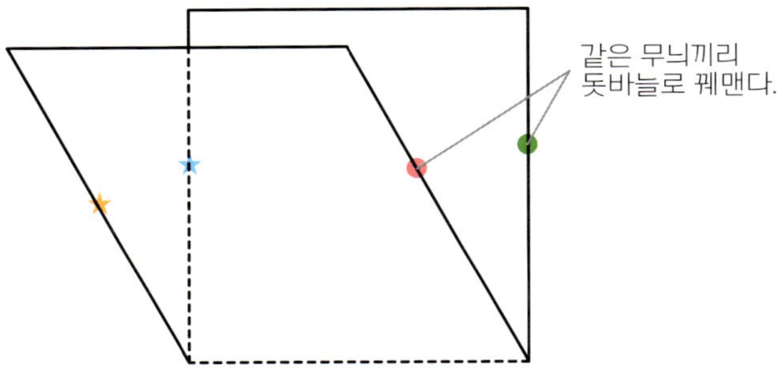

같은 무늬끼리 돗바늘로 꿰맨다.

가방 끈 뜨기

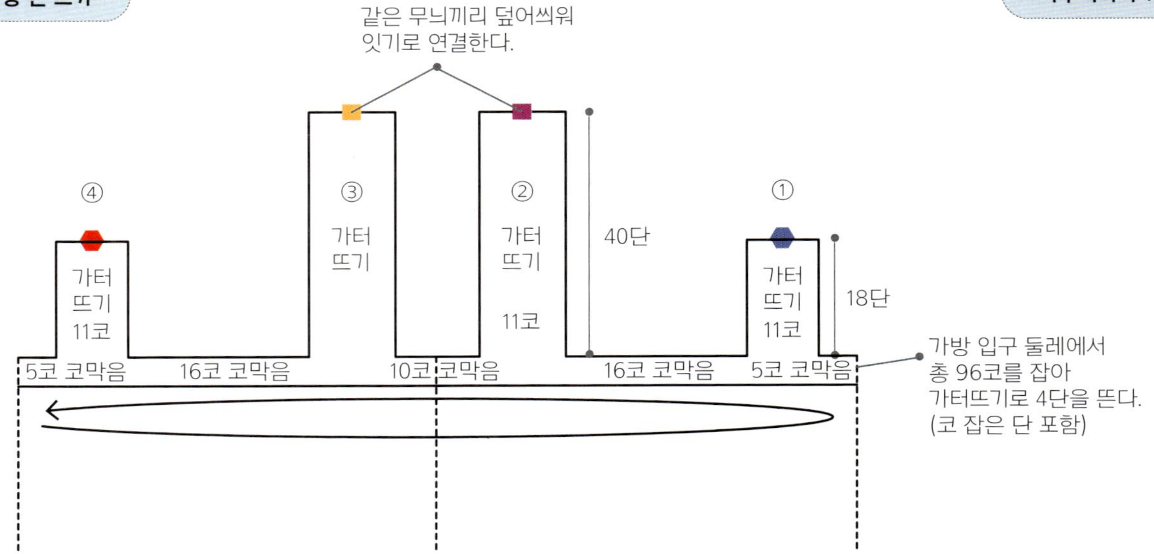

같은 무늬끼리 덮어씌워 잇기로 연결한다.
④
가터 뜨기 11코
③
가터 뜨기
②
가터 뜨기 11코
40단
①
가터 뜨기 11코
18단
5코 코막음
16코 코막음
10코 코막음
16코 코막음
5코 코막음
가방 입구 둘레에서 총 96코를 잡아 가터뜨기로 4단을 뜬다. (코 잡은 단 포함)

마무리하기 1

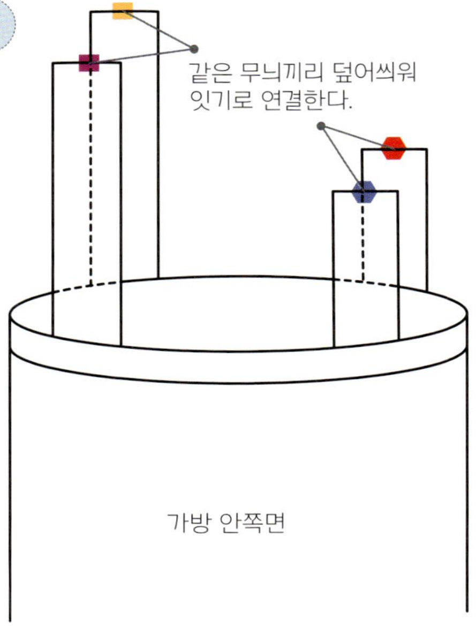

같은 무늬끼리 덮어씌워 잇기로 연결한다.
가방 안쪽면

태슬 만들기 (11p QR코드 참고)

실을 10~11cm 길이로 30번 정도 감는다.

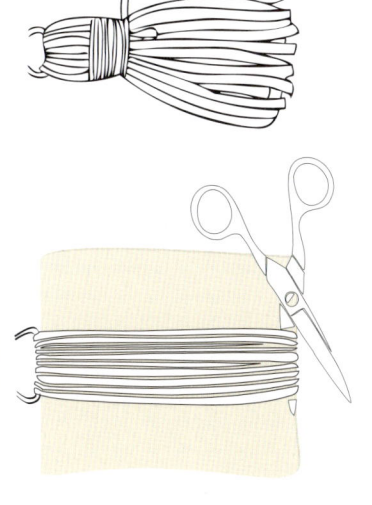

비즈 달기

매듭짓기　매듭짓기　매듭짓기

사슬뜨기로 40~45코 정도 뜬 후 매듭 쪽에 묶어서 마무리한다.

사진처럼 옆선을 꿰매어 원통형으로 만든다.

— 꿰맨 부분

마무리하기 2

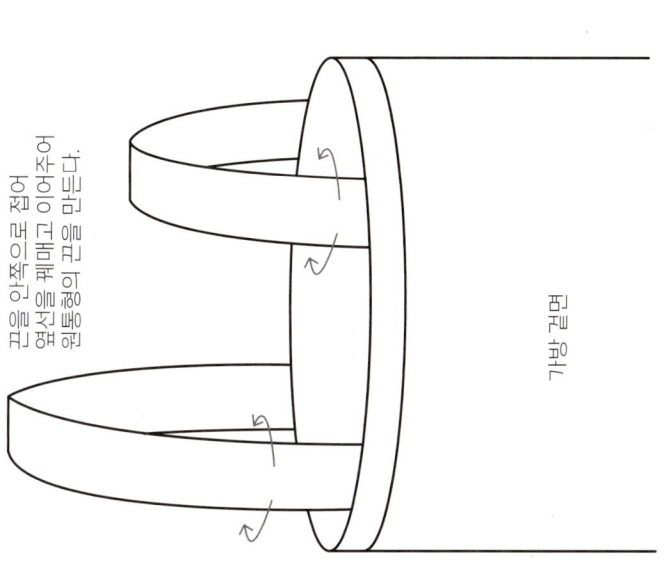

끈을 안쪽으로 접어 옆선을 꿰매고 이어주어 원통형의 끈을 만든다.

가방 본체

가터뜨기 배색 솔더백

난이도 ★☆☆

대바늘 가터뜨기 기법으로 만든 가방이에요.
겉뜨기로만 떠서 만들기 때문에 초보자도 쉽게 만들 수 있답니다.
디자인 A는 빈티지한 트위드 실을 사용했고,
디자인 B는 보송한 페이크퍼 느낌의 실을 사용해 각각 다른 느낌을 주었어요.

◇ **크기** 가로 34㎝, 세로 중앙 24㎝, 옆면 34㎝, 끈 길이 54㎝
◇ **준비물** 대바늘 6㎜, 모사용 코바늘 7/0호, 돗바늘, 가죽 여밈 장식(똑딱이) 1쌍,
 가죽 손잡이 싸개, 원형 가죽 여밈 단추, 비즈 단추
◇ **사용한 실** (디자인 A) 모던 트위드 - 베이지색(3번) 50g, 청록색(8번) 50g, 진회색(9번) 50g
 (디자인 B) 레인보우 밍크 - 나염색(10번) 120g / 로미오 - 진회색(67번) 100g

HOW TO MAKE 겉뜨기로 길게 뜬 다음 접고 꿰매어 만드는 방법입니다.

디자인 A

가방 몸판 뜨기

6mm 바늘을 사용하여 일반 코잡기로 37코를 잡는다.

1단~64단   베이지색 실로 1단~64단 겉뜨기를 뜬다.

65단~128단   청록색 실로 65단~128단 겉뜨기를 뜬다.

129단~192단   진회색 실로 129단~192단 겉뜨기를 뜬다.

덮어씌워 코막음 한다.

세 가지색 배열은 취향에 따라 원하는 대로 순서를 바꿔도 무방하다.

꿰매기

도안의 모양을 참고하여 긴 모양의 사각 몸판을 가방 모양으로 꿰매어 연결한다.

마무리하기

가방 입구 부분은 코바늘 7/0호를 사용하여 짧은뜨기로 3단을 뜬다. (회색 1단, 베이지색 1단, 청록색 1단) - 배색 순서는 원하는 대로 바꿔도 무방하다.

도안을 참고하여 가방 끈을 떠 준다.

끈을 양쪽으로 떠 준 후 중앙 부분에서 돗바늘로 꿰매어 연결한다.

사진과 같이 바깥쪽에 가죽 여밈 장식을 꿰매고 달아주어 완성한다. (159p 사진 참고)

디자인 B

가방 몸판 뜨기

6mm 바늘을 사용하여 레인보우 밍크실 1겹, 로미오실 1겹을 합사하여 일반 코잡기로 37코를 잡는다.

1단~192단   겉뜨기로 192단을 뜬다.

덮어씌워 코막음 한다.

꿰매기

도안의 모양을 참고하여 긴 모양의 사각 몸판을 가방 모양으로 꿰매고 연결한다.

마무리하기

가방 입구 부분은 코바늘 7/0호를 사용하여 모던 트위드 진회색 실로 짧은뜨기 3단을 뜬다.

도안을 참고하여 가방 끈을 떠 준다.

끈을 양쪽으로 떠 준 후 중앙 부분에서 돗바늘로 꿰매어 연결한다.

안쪽에 원형 가죽 여밈 단추를 달아주고, 겉쪽에는 장식용 비즈 단추를 달아주어 마무리한다.

TIP

가죽 손잡이 싸개로 끈을 감싸주면 끈이 닳는 것을 방지할 수 있다.

꿰매기

돗바늘로 꿰매어 준다.

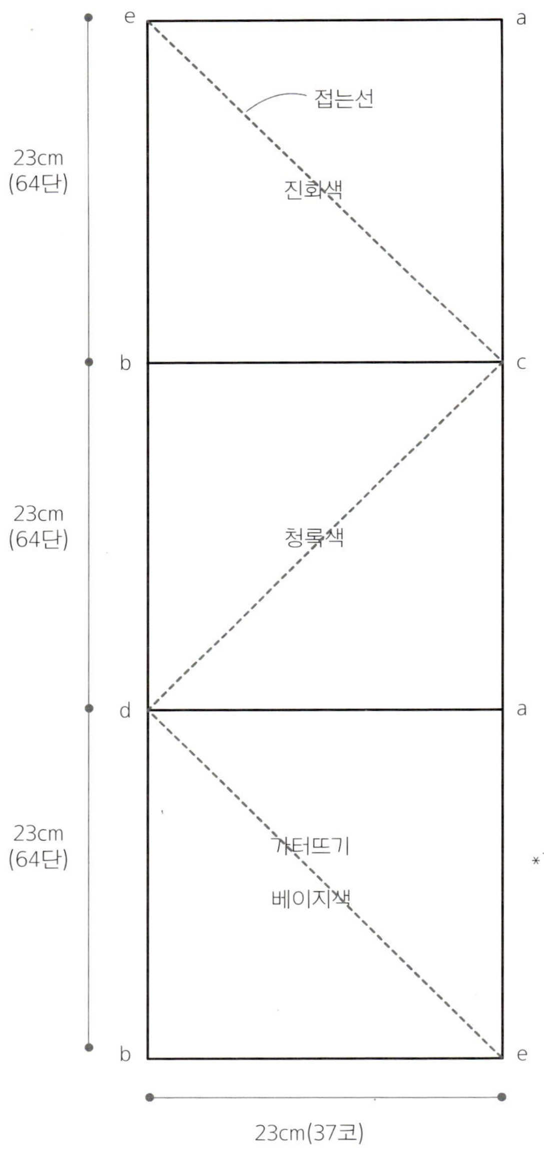

*가터뜨기 - 겉뜨기로 계속 뜬다.

가방 몸판 뜨기

접는선

진홍색

정녹색

가터뜨기
베이지색

23cm(37코)

23cm
(64단)

23cm
(64단)

23cm
(64단)

대바늘 가방으로 만든 가방

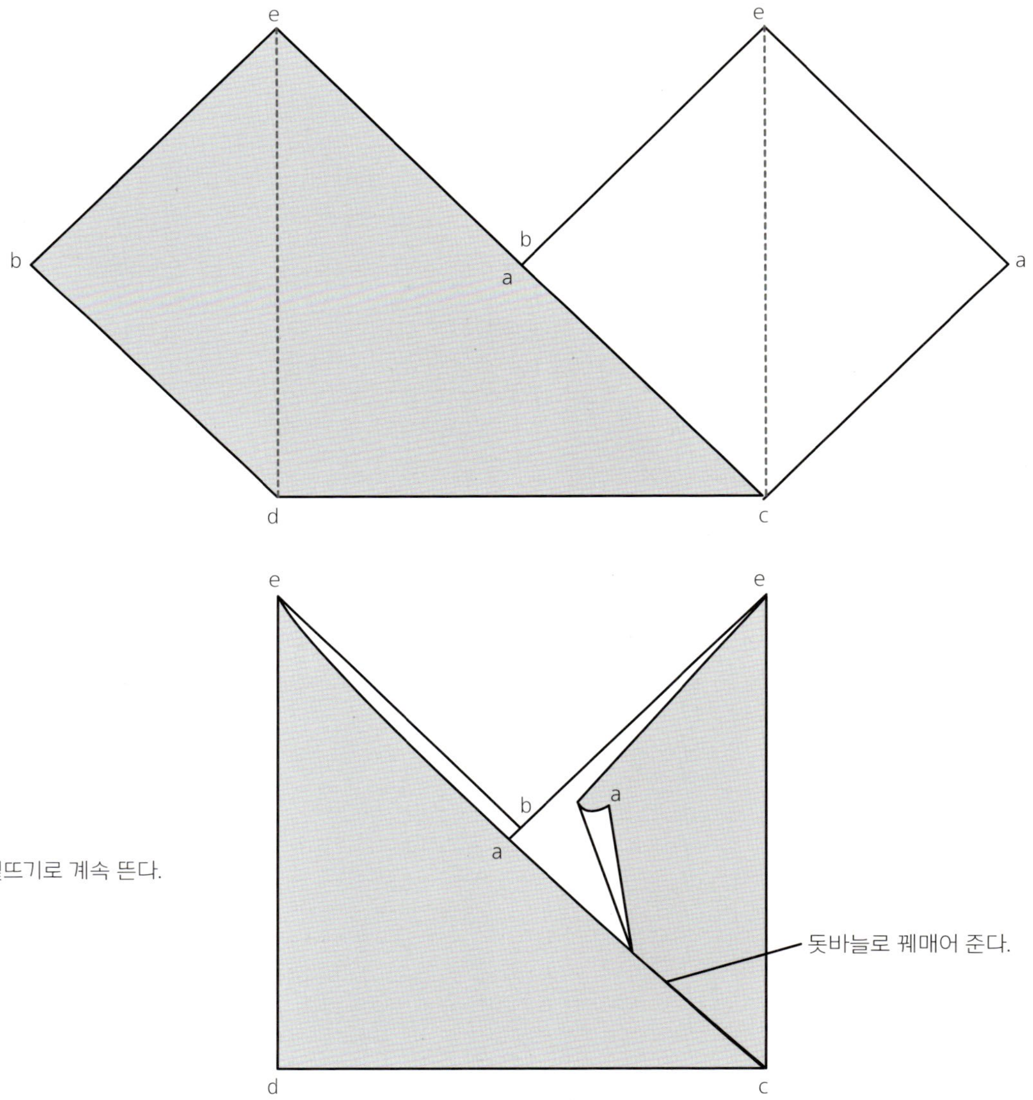

끈 뜨기

고은 한길긴뜨기로 12코를 잡아
원형뜨기로 뜬다.
청록색으로 7단.
진회색으로 6단을 뜬다.
넘은 실 양에 따라 단을
더 떠도 좋다.
반대편 끈도 같은 방법으로 뜬다.

원통형으로 뜨기

한길긴뜨기로 시작하기

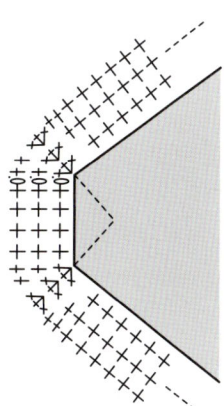

끈을 뜬 후 양쪽 끝을 맞대고
돗바늘로 감침질하여 꿰매어 준다.

가방 테두리 뜨기

기호	뜨기
•	빼뜨기
0	사슬뜨기
+	짧은뜨기
T	한길긴뜨기
✕	짧은뜨기 1코에 3코 늘려뜨기

모서리를 대략 2.5cm~3cm 정도 안쪽으로 접어 넣는다.

짧은뜨기로 전체 테두리를 뜬다.
(진회색 1단, 베이지색 1단, 청록색 1단)
배색 순서는 원하는 대로 바꿔도 무방하다.

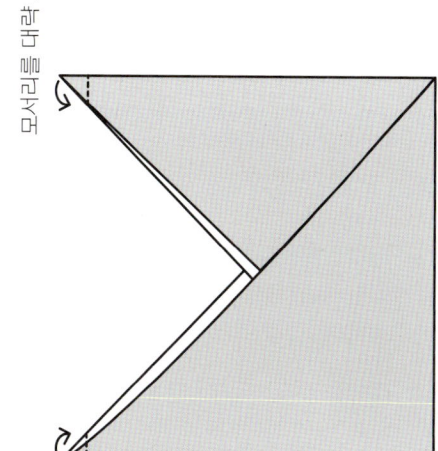

여밈 달기

사진을 참고하여 가죽 여밈 장식(똑딱이)을 달아준다.

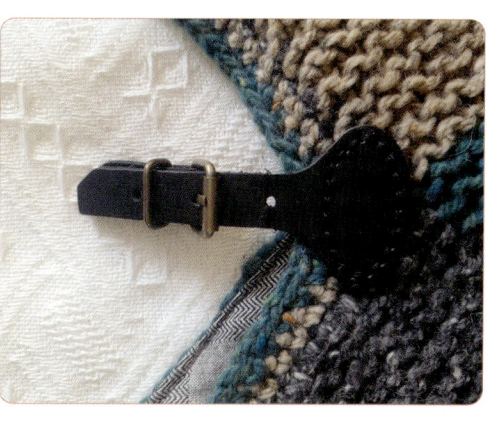

가터뜨기 배색 숄더백

Lesson **3**

같은 도안을

활용한

여름용·겨울용

가방

이랑뜨기
이지백

난이도 ★★☆

짧은뜨기 이랑뜨기 기법과 원형 늘림 기법만 익히면
쉽게 만들 수 있는 가방이에요. 취향에 따라 예쁜 참을 달아주면 더욱 멋지겠죠?

◇ **크기**	밑면 28㎝, 세로 30㎝
◇ **준비물**	모사용 코바늘 8/0호, 돗바늘(촘촘하게 작업하려면 7/0호 바늘 권장), 원형 가죽 여밈 단추 1쌍, 장식용 퍼 열쇠고리, 장식용 트윌리 열쇠고리
◇ **사용한 실**	(여름용) 필 트위스트 마크라메 케이크 – 겨자그레이색(120번)·스카이브라운색(130번) 각 100g씩 (겨울용) 멜란지그리츠 – 와인색(5번)·빨강색(9번) 각 100g씩

HOW TO MAKE 원형 늘림의 방법으로 밑면을 만들어 주고, 몸판을 떠 올라가는 방식의 가방입니다.

가방 몸판 뜨기

코바늘 8/0호를 사용하여 원형코를 잡는다.

1단	짧은뜨기로 7코를 뜬다. (총 7코)
2단	짧은뜨기 이랑뜨기 1코에 2코 늘려뜨기×7회 (총 14코)
3단	(짧은뜨기 이랑뜨기 1코, 짧은뜨기 이랑뜨기 1코에 2코 늘려뜨기)×7회 (총 21코)
4단	(짧은뜨기 이랑뜨기 2코, 짧은뜨기 이랑뜨기 1코에 2코 늘려뜨기)×7회 (총 28코)
5단	(짧은뜨기 이랑뜨기 3코, 짧은뜨기 이랑뜨기 1코에 2코 늘려뜨기)×7회 (총 35코)
6단	(짧은뜨기 이랑뜨기 4코, 짧은뜨기 이랑뜨기 1코에 2코 늘려뜨기)×7회 (총 42코)
7단	(짧은뜨기 이랑뜨기 5코, 짧은뜨기 이랑뜨기 1코에 2코 늘려뜨기)×7회 (총 49코)
8단	(짧은뜨기 이랑뜨기 6코, 짧은뜨기 이랑뜨기 1코에 2코 늘려뜨기)×7회 (총 56코)
9단	(짧은뜨기 이랑뜨기 7코, 짧은뜨기 이랑뜨기 1코에 2코 늘려뜨기)×7회 (총 63코)
10단	(짧은뜨기 이랑뜨기 8코, 짧은뜨기 이랑뜨기 1코에 2코 늘려뜨기)×7회 (총 70코)
11단	(짧은뜨기 이랑뜨기 9코, 짧은뜨기 이랑뜨기 1코에 2코 늘려뜨기)×7회 (총 77코)
12단	(짧은뜨기 이랑뜨기 10코, 짧은뜨기 이랑뜨기 1코에 2코 늘려뜨기)×7회 (총 84코)
13단	짧은뜨기 이랑뜨기로 84코를 뜬다.
14단~41단	짧은뜨기 이랑뜨기로 84코, 28단을 뜬다. 빼뜨기로 처음 시작 부분에 연결한다.

가방 손잡이 뜨기

42단	기둥코 1코, 짧은뜨기 이랑뜨기 12코, 사슬뜨기 21코를 뜬 후, 짧은뜨기 이랑뜨기 19코째에 다시 짧은뜨기 이랑뜨기 24코, 사슬뜨기 21코, 19코째에 짧은뜨기 이랑뜨기 12코, 빼뜨기로 연결한다.
43단	기둥코 1코, 짧은뜨기 이랑뜨기 11코, 짧은뜨기 2코 모아뜨기, 짧은뜨기 이랑뜨기 19코, 짧은뜨기 2코 모아뜨기, 짧은뜨기 이랑뜨기 22코, 짧은뜨기 2코 모아뜨기, 짧은뜨기 이랑뜨기 19코, 짧은뜨기 2코 모아뜨기,

짧은뜨기 이랑뜨기 11코, 빼뜨기로 연결한다.

44단	기둥코 1코, 짧은뜨기 이랑뜨기 10코, 짧은뜨기 3코 모아뜨기, 짧은뜨기 이랑뜨기 17코, 짧은뜨기 3코 모아뜨기, 짧은뜨기 이랑뜨기 20코, 짧은뜨기 3코 모아뜨기, 짧은뜨기 이랑뜨기 17코, 짧은뜨기 3코 모아뜨기, 짧은뜨기 이랑뜨기 10코, 빼뜨기로 연결한다.
45단	기둥코 1코, 짧은뜨기 이랑뜨기 9코, 짧은뜨기 3코 모아뜨기, 짧은뜨기 이랑뜨기 15코, 짧은뜨기 3코 모아뜨기, 짧은뜨기 이랑뜨기 18코, 짧은뜨기 3코 모아뜨기, 짧은뜨기 이랑뜨기 15코, 짧은뜨기 3코 모아뜨기, 짧은뜨기 이랑뜨기 9코, 빼뜨기로 연결한다.
46단	기둥코 1코, 짧은뜨기 이랑뜨기 9코, 처음 사슬뜨기 부분에 길게 짧은뜨기 17코, 짧은뜨기 이랑뜨기 18코, 처음 사슬뜨기 부분에 길게 짧은뜨기 17코, 짧은뜨기 이랑뜨기 9코, 빼뜨기로 연결한다.
47단	뒤 반코만 떠서 빼뜨기로 한 바퀴 뜬 뒤 마무리한다.

가방 안쪽에 원형 가죽 여밈 단추를 꿰매어 달아주고, 마무리한다.

필 트위스트 마크라메 케이크 실로
만든 여름용 가방

7코 시작

+	짧은뜨기
⊥	짧은뜨기 이랑뜨기
⋏	짧은뜨기 이랑뜨기 2코늘려뜨기

같은 도안을 활용한 여름용 · 겨울용 가방

카라 매트 뜨기

가방 옆면·손잡이 뜨기

사슬뜨기 21코

18코

47 46 45 44 43 42 41 40

17 16

▲ 46단 길게 짧은뜨기

▲ 원형 가죽 여밈 단추 달기

⚡	짧은뜨기 2코 모아뜨기
⚡	짧은뜨기 3코 모아뜨기

이랑뜨기

백지뷰

마크라메 케이크 투웨이 네트백

난이도 ★★☆

조절이 가능한 끈을 달아서 두 가지 스타일로 연출이 가능한 가방이에요.
핸들을 짧게 하면 토트백으로, 길게 하면 숄더백으로 활용할 수 있어요.
같은 도안으로 실만 다르게 선택하면 여름용, 겨울용 두 가지 버전으로 작업이 가능하답니다.

◇ **크기**　　　가로 33㎝, 세로 35㎝, 끈 길이 70㎝
◇ **준비물**　　모사용 코바늘 8/0호, 돗바늘(촘촘하게 작업하려면 7/0호 바늘 권장)
◇ **사용한 실**　(여름용) 필 트위스트 마크라메 케이크 – 겨자그레이색(120번)·민트브라운색(121번) 각 250g씩
　　　　　　　(겨울용) 멜란지 – 블루색(10번)·그린색(25번) 각 150g씩

HOW TO MAKE 밑면을 만든 뒤 몸판을 떠 올라가는 방식의 가방입니다.

TIP 사슬끈과 핸들, 태슬을 미리 만들어 놓고 시작합니다. 타래의 겉쪽에서 실을 풀어 만들어 주세요.

완성 치수는 뜨는 사람의 게이지와 솜씨에 따라 사이즈 오차가 생길 수 있어요. 느슨하거나 쫀쫀하게 뜨고 싶다면 바늘 사이즈를 바꾸어도 돼요. 실이 남으면 B무늬를 한단 더 떠주고, 모자라면 한단을 덜 뜨면 됩니다.

가방 몸판 뜨기

코바늘 8/0호를 사용하여 사슬뜨기로 33코를 잡는다.(타래의 안쪽에서 실을 꺼내어 시작한다)

1단	기둥코 3코를 뜬 후 한길긴뜨기로 32코를 뜬다.
2단	기둥코 3코를 뜬 후 한길긴뜨기로 32코를 뜬다.
3~4단	1~2단을 반복한다.
5단	기둥코 3코를 뜬 후 도안과 같이 한길긴뜨기 32코, 옆면에서 11코, 반대 사슬에서 33코, 옆면 11코를 뜬 후 첫코에 빼뜨기로 연결한다. (총 88코)
6~8단	기둥코 3코를 뜨고 한길긴뜨기 이랑뜨기로 87코를 뜬다. (총 3단)
9단	기둥코 1코, (짧은뜨기 1코, 사슬뜨기 5코, 짧은뜨기 1코, 사슬뜨기 3코)×11회, 빼뜨기로 연결한다.
10단	빼뜨기로 1코 위치 이동, 기둥코 3코, 한길긴뜨기 8코, 짧은뜨기 1코(도안을 참고로 아랫단의 코에 뜬다), (한길긴뜨기 9코, 짧은뜨기 1코)×10회, 빼뜨기로 연결한다.
11단	빼뜨기로 2코 이동 후 기둥코 1코, (짧은뜨기 1코, 사슬뜨기 3코, 짧은뜨기 1코, 사슬뜨기 5코)×10회, 사슬뜨기 3코, 짧은뜨기 1코, 사슬뜨기 2코, 한길긴뜨기로 시작 부분에 연결한다.
12단	기둥코 3코, 한길긴뜨기 4코, (짧은뜨기 1코, 한길긴뜨기 9코)×10회, 짧은뜨기 1코, 한길긴뜨기 4코, 빼뜨기로 연결한다.
13~18단	빼뜨기로 2코 이동 후 9단~12단과 같은 방법으로 6단을 뜬다.
19단	기둥코 4코, (사슬뜨기 1코, 짧은뜨기 1코, 사슬뜨기 1코, 짧은뜨기 1코, 사슬뜨기 1코, 짧은뜨기 1코, 사슬뜨기 1코 두길긴뜨기 1코)×10회, 사슬뜨기 1코, 짧은뜨기 1코, 사슬뜨기 1코, 짧은뜨기 1코, 사슬뜨기 1코, 빼뜨기로 연결한다.

20단	기둥코 3코, (사슬뜨기 1코, 한길긴뜨기 1코)×43회, 사슬뜨기 1코, 빼뜨기로 연결한다.
21~26단	20단을 반복해서 7단을 뜬다.
27단	기둥코 1코, (짧은뜨기 1코, 사슬뜨기 3코, 그 자리 코에 한길긴뜨기 2코)×22회, 빼뜨기로 연결한다.

가방 조임 끈 뜨기

도안을 참고하여 사슬뜨기로 약 75cm 길이로 만든다.

핸들 뜨기

영상을 참고하여 70cm 길이로 뜬다.

태슬 만들기

도안을 참고하여 태슬을 만들고, 가방에 달아준다.

동영상을 참고하여 사슬끈과 핸들 끈을 꿰어준다.

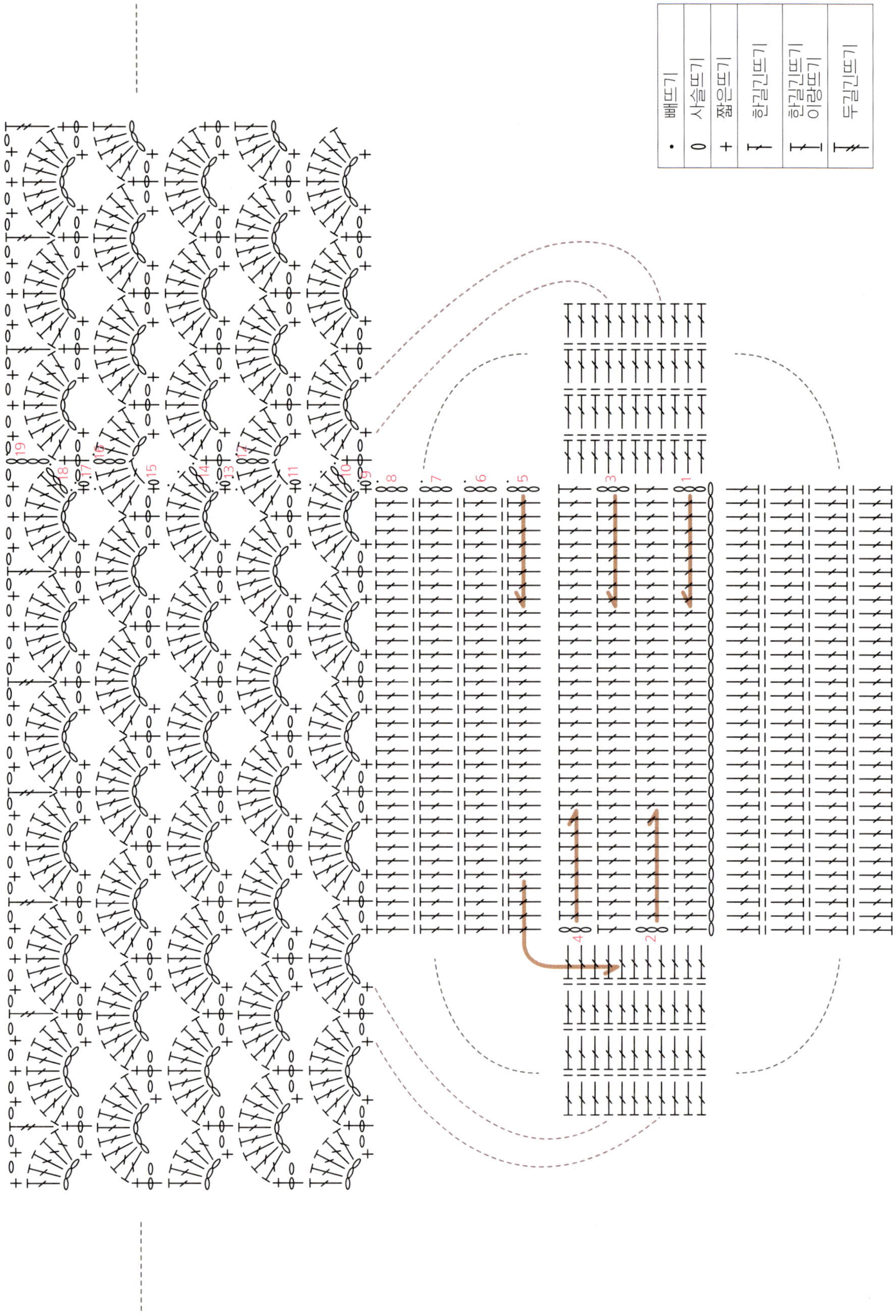

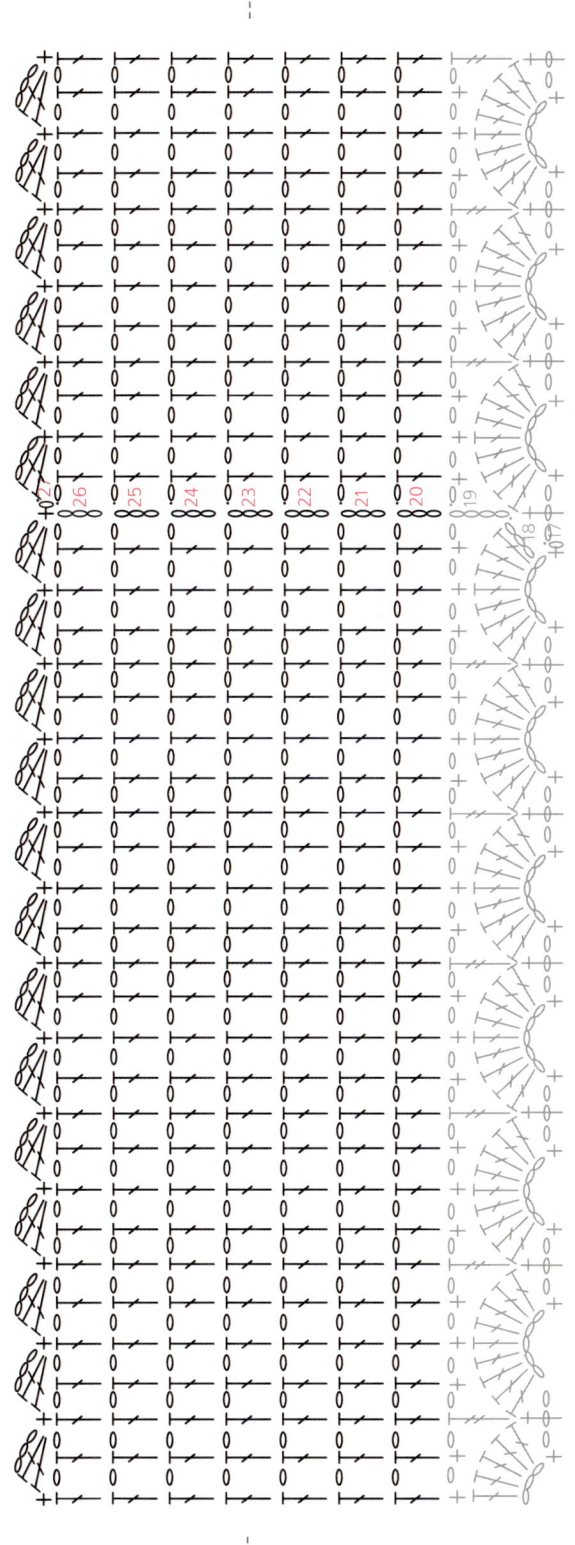

+2 26 25 24 23 22 21 20 19 18 +17

몸판B 무늬 뜨기

바닥 조임 끈 뜨기

대략 75cm

▲ 태슬 만들기

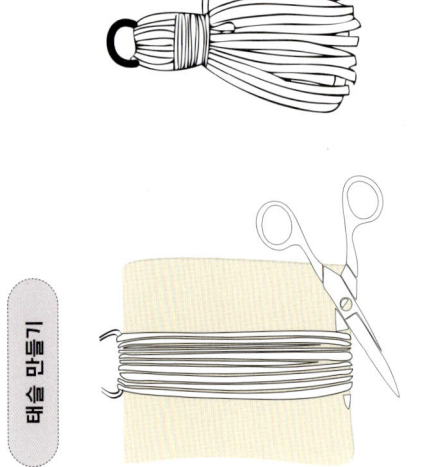

태슬 만들기

끈을 대략 10cm의 길이로 갈이로 30번 정도 감고
그림과 같이 위쪽을 묶어준 후
아랫부분을 잘라준다.

▲ 매듭 코 만들기

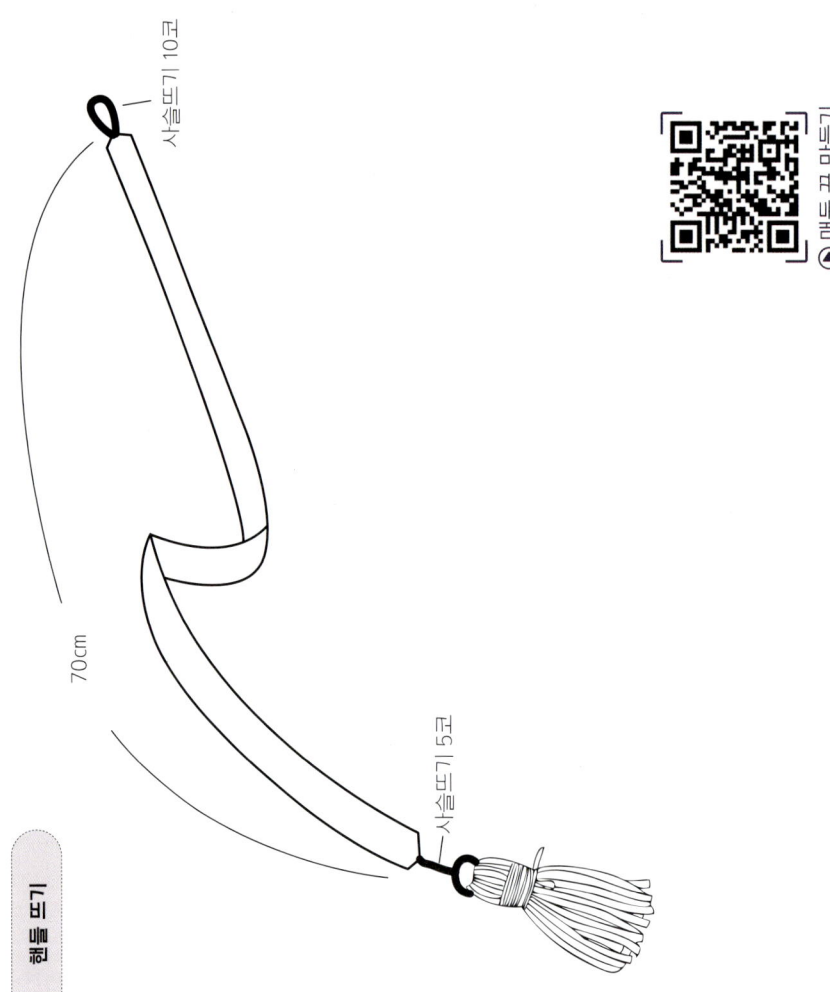

핸들 뜨기

사슬뜨기 10코

70cm

사슬뜨기 5코

같은 도안을 활용한 여름용 · 겨울용 가방

호피무늬 클러치

난이도 ★★★

여러 가지 색을 넣어 세련된 호피무늬를 만들어 보아요.
같은 도안으로 하나는 코바늘 이랑뜨기 기법으로, 하나는 대바늘 메리야스뜨기로 떠 보세요.

◇ **크기** 　　코바늘 – 가로 30㎝, 세로 21㎝, 대바늘 – 가로 27㎝, 세로 19㎝
◇ **준비물** 　모사용 코바늘 5/0호, 대바늘 3.5㎜, 돗바늘
◇ **사용한 실** (코바늘) 코튼퀸 – 인디핑크색(28번) 100g, 회색(232번) 50g, 검은색(2번) 50g
　　　　　　(대바늘) 노베나 – 진회색(70번) 25g, 머스터드색(111번) 15g, 어두운 빨간색(62번) 15g

HOW TO MAKE 　밑에서부터 코를 잡아 배색을 하며 위로 떠 올라가는 방식의 가방입니다.

코바늘 클러치

코바늘 5/0호를 사용하여 인디핑크색 실로 사슬뜨기 76코를 뜬다.

1단
기둥코 1코를 뜬 후, 짧은뜨기로 75코, 마지막 코에 짧은뜨기 3코, 반대편 코에 짧은뜨기 74코, 마지막 코에 짧은뜨기 2코를 뜬다. 빼뜨기로 연결한다.

2단
기둥코 1코를 뜬 후, 짧은뜨기 이랑뜨기 1코에 2코 늘려뜨기, 짧은뜨기 이랑뜨기 74코, 짧은뜨기 이랑뜨기 1코에 2코 늘려뜨기×3회, 짧은뜨기 이랑뜨기 74코, 짧은뜨기 이랑뜨기 1코에 2코 늘려뜨기×2회, 빼뜨기로 연결한다.

3단부터 모두 짧은뜨기 이랑뜨기로 뜬다.

3단
(인디핑크색 11코, 검은색 3코, 인디핑크색 4코, 검은색 3코, 회색 2코, 검은색 3코, 인디핑크색 5코, 검은색 1코, 회색 2코, 검은색 3코, 인디핑크색 3코)×4회, 빼뜨기로 연결한다.

4단
(인디핑크색 3코, 검은색 3코, 인디핑크색 5코, 검은색 4코, 인디핑크색 4코, 검은색 2코, 회색 3코, 검은색 3코, 인디핑크색 5코, 검은색 4코, 인디핑크색 4코)×4회, 빼뜨기로 연결한다.

5단
(인디핑크색 3코, 검은색 3코, 인디핑크색 4코, 검은색 6코, 인디핑크색 3코, 검은색 3코, 회색 3코, 검은색 2코, 인디핑크색 13코)×4회, 빼뜨기로 연결한다.

6단
(인디핑크색 3코, 검은색 3코, 인디핑크색 5코, 검은색 1코, 회색 2코, 검은색 2코, 인디핑크색 4코, 검은색 4코, 회색 1코, 검은색 1코, 인디핑크색 14코)×4회, 빼뜨기로 연결한다.

7단
(인디핑크색 2코, 검은색 5코, 인디핑크색 4코, 회색 4코, 검은색 2코, 인디핑크색 4코, 검은색 4코, 인디핑크색 8코, 검은색 2코, 회색 1코, 검은색 2코, 인디핑크색 2코)×4회, 빼뜨기로 연결한다.

8단
(인디핑크색 2코, 검은색 1코, 회색 3코, 검은색 1코, 인디핑크색 4코, 검은색 2코, 회색 2코, 검은색 2코, 인디핑크색 15코, 검은색 3코, 회색 1코, 검은색 3코, 인디핑크색 1코)×4회, 빼뜨기로 연결한다.

9단
(인디핑크색 2코, 회색 4코, 검은색 1코, 인디핑크색 4코, 검은색 5코, 인디핑크색 16코, 검은색 2코, 회색 3코, 검은색 2코, 인디핑크색 1코)×4회, 빼뜨기로 연결한다.

10단
(인디핑크색 2코, 회색 4코, 검은색 2코, 인디핑크색 4코, 검은색 4코, 인디핑크색 16코, 검은색 2코, 회색 2코, 검은색 3코, 인디핑크색 1코)×4회, 빼뜨기로 연결한다.

11단
(인디핑크색 2코, 검은색 6코, 인디핑크색 5코, 검은색 2코, 인디핑크색 7코, 검은색 3코, 인디핑크색 8코, 회색 2코, 검은색 2코, 인디핑크색 3코)×4회, 빼뜨기로 연결한다.

12단
(인디핑크색 2코, 검은색 7코, 인디핑크색 12코, 검은색 5코, 인디핑크색 8코, 검은색 3코, 인디핑크색 3코)×4회, 빼뜨기로 연결한다.

13단
(인디핑크색 3코, 검은색 3코, 인디핑크색 1코, 검은색 2코, 인디핑크색 11코, 검은색 3코, 회색 1코, 검은색 2코, 인디핑크색 9코, 검은색 2코, 인디핑크색 3코)×4회, 빼뜨기로 연결한다.

14단
(인디핑크색 20코, 검은색 2코, 회색 3코, 검은색 1코, 인디핑크색 14코)×4회, 빼뜨기로 연결한다.

15단
(인디핑크색 20코, 검은색 2코, 회색 2코, 검은색 2코, 인디핑크색 14코)×4회, 빼뜨기로 연결한다.

16단
(인디핑크색 21코, 검은색 1코, 회색 2코, 검은색 2코, 인디핑크색 6코, 검은색 2코, 인디핑크색 6코)×4회, 빼뜨기로 연결한다.

17단
(인디핑크색 1코, 검은색 3코, 인디핑크색 7코, 검은색 2코, 인디핑크색 8코, 검은색 1코, 회색 2코, 검은색 1코, 인디핑크색 5코, 검은색 4코, 인디핑크색 6코)×4회, 빼뜨기로 연결한다.

18단
(검은색 2코, 회색 1코, 검은색 3코, 인디핑크색 4코, 검은색 4코, 인디핑크색 15코, 검은색 2코, 회색 2코, 검은색 2코, 인디핑크색 5코)×4회, 빼뜨기로 연결한다.

19단
(회색 4코, 검은색 2코, 인디핑크색 4코, 회색 1코, 검은색 4코, 인디핑크색 14코, 검은색 1코, 회색 3코, 검은색 3코, 인디핑크색 4코)×4회, 빼뜨기로 연결한다.

20단
(검은색 1코, 회색 4코, 검은색 1코, 인디핑크색 4코, 회색 3코, 검은색 2코, 인디핑크색 15코, 검은색 1코, 회색 3코, 검은색 3코, 인디핑크색 3코)×4회, 빼뜨기로 연결한다.

21단
(검은색 3코, 회색 2코, 검은색 1코, 인디핑크색 4코, 회색 4코, 검은색 1코, 인디핑크색 5코, 검은색 2코, 인디핑크색 7코, 검은색 2코, 회색 4코, 검은색 2코, 인디핑크색 3코)×4회, 빼뜨기로 연결한다.

22단
(검은색 6코, 인디핑크색 4코, 검은색 5코, 인디핑크색 4코, 검은색 6코, 인디핑크색 3코, 검은색 4코, 회색 3코, 검은색 2코, 인디핑크색 3코)×4회, 빼뜨기로 연결한다.

23단
(인디핑크색 3코, 검은색 3코, 인디핑크색 5코, 검은색 4코, 인디핑크색 4코, 검은색 1코, 회색 3코, 검은색 2코, 인디핑크색 4코, 검은색 3코, 회색 1코, 검은색 3코, 인디

핑크색 4코)×4회, 빼뜨기로 연결한다.

24단 (인디핑크색 11코, 검은색 2코, 인디핑크색 6코, 검은색 1코, 회색 3코, 검은색 1코, 인디핑크색 10코, 검은색 2코, 인디핑크색 4코)×4회, 빼뜨기로 연결한다.

25단 (인디핑크색 19코, 검은색 2코, 회색 3코, 인디핑크색 16코)×4회, 빼뜨기로 연결한다.

26단 (인디핑크색 20코, 검은색 3코, 인디핑크색 17코)×4회, 빼뜨기로 연결한다.

27단 (인디핑크색 29코, 검은색 2코, 인디핑크색 9코)×4회, 빼뜨기로 연결한다.

28단 (인디핑크색 28코, 검은색 4코, 인디핑크색 8코)×4회, 빼뜨기로 연결한다.

29단 (인디핑크색 2코, 검은색 3코, 인디핑크색 23코, 검은색 1코, 회색 2코, 검은색 1코, 인디핑크색 8코)×4회, 빼뜨기로 연결한다.

30단 (인디핑크색 2코, 검은색 4코, 인디핑크색 7코, 검은색 4코, 인디핑크색 10코, 검은색 1코, 회색 2코, 검은색 3코, 인디핑크색 7코)×4회, 빼뜨기로 연결한다.

31단 (인디핑크색 1코, 검은색 6코, 인디핑크색 4코, 검은색 3코, 회색 2코, 검은색 3코, 인디핑크색 9코, 검은색 4코, 인디핑크색 8코)×4회, 빼뜨기로 연결한다.

32단 (인디핑크색 2코, 검은색 1코, 회색 2코, 검은색 2코, 인디핑크색 5코, 검은색 2코, 회색 3코, 검은색 3코, 인디핑크색 20코)×4회, 빼뜨기로 연결한다.

33단 (인디핑크색 2코, 회색 4코, 검은색 2코, 인디핑크색 4코, 검은색 3코, 회색 3코, 검은색 2코, 인디핑크색 16코, 검은색 2코, 인디핑크색 2코)×4회, 빼뜨기로 연결한다.

34단 (인디핑크색 2코, 검은색 2코, 회색 2코, 검은색 2코, 인디핑크색 5코, 검은색 4코, 회색 1코, 검은색 1코, 인디핑크색 4코, 검은색 2코, 회색 1코, 검은색 2코, 인디핑크색 7코, 검은색 3코, 인디핑크색 2코)×4회, 빼뜨기로 연결한다.

35단 (인디핑크색 2코, 검은색 5코, 인디핑크색 7코, 검은색 4코, 인디핑크색 5코, 검은색 2코, 회색 1코, 검은색 3코, 인디핑크색 5코, 검은색 5코, 인디핑크색 1코)×4회, 빼뜨기로 연결한다.

36단 (인디핑크색 3코, 검은색 4코, 인디핑크색 15코, 검은색 2코, 회색 3코, 검은색 2코, 인디핑크색 5코, 검은색 1코, 회색 3코, 검은색 1코, 인디핑크색 1코)×4회, 빼뜨기로 연결한다.

37단 (인디핑크색 4코, 검은색 2코, 인디핑크색 16코, 검은색

2코, 회색 2코, 검은색 3코, 인디핑크색 5코, 회색 4코, 검은색 1코, 인디핑크색 1코)×4회, 빼뜨기로 연결한다.

38단 (인디핑크색 23코, 회색 2코, 검은색 2코, 인디핑크색 7코, 회색 4코, 검은색 2코)×4회, 빼뜨기로 연결한다.

39단 (인디핑크색 12코, 검은색 3코, 인디핑크색 9코, 검은색 3코, 인디핑크색 7코, 검은색 6코)×4회, 빼뜨기로 연결한다.

40단 (검은색 1코, 인디핑크색 10코, 검은색 5코, 인디핑크색 9코, 검은색 1코, 인디핑크색 8코, 검은색 6코)×4회, 빼뜨기로 연결한다.

41단 (검은색 1코, 인디핑크색 9코, 검은색 3코, 회색 1코, 검은색 2코, 인디핑크색 19코, 검은색 3코, 인디핑크색 1코, 검은색 1코)×4회, 빼뜨기로 연결한다.

42단 (인디핑크색 10코, 검은색 2코, 회색 3코, 검은색 1코, 인디핑크색 24코)×4회, 빼뜨기로 연결한다.

43단 (인디핑크색 10코, 검은색 2코, 회색 2코, 검은색 2코, 인디핑크색 7코, 검은색 2코, 인디핑크색 15코)×4회, 빼뜨기로 연결한다.

44단 (인디핑크색 11코, 검은색 1코, 회색 2코, 검은색 2코, 인디핑크색 5코, 검은색 4코, 인디핑크색 15코)×4회, 빼뜨기로 연결한다.

45단 (인디핑크색 3코, 검은색 2코, 인디핑크색 6코, 검은색 1코, 회색 2코, 검은색 1코, 인디핑크색 5코, 검은색 2코, 회색 2코, 검은색 2코, 인디핑크색 7코, 검은색 3코, 인디핑크색 4코)×4회, 빼뜨기로 연결한다.

46단 (인디핑크색 2코, 검은색 4코, 인디핑크색 14코, 검은색 1코, 회색 3코, 검은색 3코, 인디핑크색 5코, 검은색 2코, 회색 1코, 검은색 3코, 인디핑크색 2코)×4회, 빼뜨기로 연결한다.

47단 (인디핑크색 2코, 회색 1코, 검은색 4코, 인디핑크색 14코, 검은색 1코, 회색 3코, 검은색 3코, 인디핑크색 4코, 회색 4코, 검은색 2코, 인디핑크색 2코)×4회, 빼뜨기로 연결한다.

인디핑크색으로만 뜬다.

48단 기둥코 1코를 뜬 후, 짧은뜨기 이랑뜨기 160코, 빼뜨기로 연결한다.

49단 기둥코 1코를 뜬 후, 짧은뜨기 160코, 빼뜨기로 연결한다.

안감과 지퍼를 달아주어 마무리한다.

대바늘 클러치

3.5mm 대바늘을 사용하여 진회색 실로 일반 코잡기 86코를 잡는다. 이때 짝수 단은 겉뜨기로 뜨고, 홀수 단은 안뜨기로 뜬다.

1단   안뜨기로 1단을 뜬다.

2단   진회색 4코, (진회색 10코, 머스터드색 3코, 진회색 4코, 머스터드색 3코, 어두운 빨간색 2코, 머스터드색 3코, 진회색 5코, 머스터드색 1코, 어두운 빨간색 2코, 머스터드색 3코, 진회색 4코)×2회, 진회색 2코

3단   진회색 2코, (진회색 5코, 머스터드색 4코, 진회색 5코, 머스터드색 3코, 어두운 빨간색 3코, 머스터드색 2코, 진회색 4코, 머스터드색 4코, 진회색 5코, 머스터드색 3코, 진회색 2코)×2회, 진회색 4코

4단   진회색 4코, (진회색 2코, 머스터드색 3코, 진회색 4코, 머스터드색 6코, 진회색 3코, 머스터드색 3코, 어두운 빨간색 3코, 머스터드색 2코, 진회색 14코)×2회, 진회색 2코

5단   진회색 2코, (진회색 15코, 머스터드색 1코, 어두운 빨간색 1코, 머스터드색 4코, 진회색 4코, 머스터드색 2코, 어두운 빨간색 2코, 머스터드색 1코, 진회색 5코, 머스터드색 3코, 진회색 2코)×2회, 진회색 4코

6단   진회색 4코, (진회색 1코, 머스터드색 5코, 진회색 4코, 어두운 빨간색 4코, 머스터드색 2코, 진회색 4코, 머스터드색 4코, 진회색 8코, 머스터드색 2코, 어두운 빨간색 1코, 머스터드색 2코, 진회색 3코)×2회, 진회색 2코

7단   진회색 2코, (진회색 2코, 머스터드색 3코, 어두운 빨간색 1코, 머스터드색 3코, 진회색 15코, 머스터드색 2코, 어두운 빨간색 2코, 머스터드색 2코, 진회색 4코, 머스터드색 1코, 어두운 빨간색 3코, 머스터드색 1코, 진회색 1코)×2회, 진회색 4코

8단   진회색 4코, (진회색 1코, 어두운 빨간색 4코, 머스터드색 1코, 진회색 4코, 머스터드색 5코, 진회색 16코, 머스터드색 2코, 어두운 빨간색 3코, 머스터드색 2코, 진회색 2코)×2회, 진회색 2코

9단   진회색 2코, (진회색 2코, 머스터드색 3코, 어두운 빨간색 2코, 머스터드색 2코, 진회색 16코, 머스터드색 4코, 진회색 4코, 머스터드색 2코, 어두운 빨간색 4코, 진회색 1코)×2회, 진회색 4코

10단   진회색 4코, (진회색 1코, 머스터드색 6코, 진회색 5코, 머스터드색 2코, 진회색 7코, 머스터드색 3코, 진회색 8코, 어두운 빨간색 2코, 머스터드색 2코, 진회색 4코)×2회, 진회색 2코

11단   진회색 2코, (진회색 4코, 머스터드색 3코, 진회색 8코, 머스터드색 5코, 진회색 12코, 머스터드색 7코, 진회색 1코)×2회, 진회색 4코

12단   진회색 4코, (진회색 2코, 머스터드색 3코, 진회색 1코, 머스터드색 2코, 진회색 11코, 머스터드색 3코, 어두운 빨간색 1코, 머스터드색 2코, 진회색 9코, 머스터드색 2코, 진회색 4코)×2회, 진회색 2코

13단   진회색 2코, (진회색 15코, 머스터드색 1코, 어두운 빨간색 3코, 머스터드색 2코, 진회색 19코)×2회, 진회색 4코

14단   진회색 4코, (진회색 19코, 머스터드색 2코, 어두운 빨간색 2코, 머스터드색 2코, 진회색 15코)×2회, 진회색 2코

15단   진회색 2코, (진회색 7코, 머스터드색 2코, 진회색 6코, 머스터드색 2코, 어두운 빨간색 2코, 머스터드색 1코, 진회색 20코)×2회, 진회색 4코

16단   진회색 4코, (머스터드색 3코, 진회색 7코, 머스터드색 2코, 진회색 8코, 머스터드색 1코, 어두운 빨간색 2코, 머스터드색 1코, 진회색 5코, 머스터드색 4코, 진회색 7코)×2회, 진회색 2코

17단   진회색 3코, (진회색 5코, 머스터드색 2코, 어두운 빨간색 2코, 머스터드색 2코, 진회색 15코, 머스터드색 4코, 진회색 4코, 머스터드색 3코, 어두운 빨간색 1코, 머스터드색 2코)×2회, 진회색 3코

18단   진회색 3코, (어두운 빨간색 4코, 머스터드색 2코, 진회색 4코, 어두운 빨간색 1코, 머스터드색 4코, 진회색 14코, 머스터드색 1코, 어두운 빨간색 3코, 머스터드색 3코, 진회색 4코,)×2회, 진회색 3코

19단   진회색 3코, (진회색 3코, 머스터드색 3코, 어두운 빨간색 3코, 머스터드색 1코, 진회색 15코, 머스터드색 2코, 어두운 빨간색 3코, 진회색 4코, 머스터드색 1코, 어두운 빨간색 4코, 머스터드색 1코)×2회, 진회색 3코

20단   진회색 3코, (머스터드색 3코, 어두운 빨간색 2코, 머스터드색 1코, 진회색 4코, 어두운 빨간색 4코, 머스터드색 1코, 진회색 5코, 머스터드색 2코, 진회색 7코, 머스터드색 2코, 어두운 빨간색 4코, 머스터드색 2코, 진회색 3코)×2회, 진회색 3코

21단   진회색 3코, (진회색 3코, 머스터드색 2코, 어두운 빨간색 3코, 머스터드색 4코, 진회색 3코, 머스터드색 6코, 진회색 4코, 머스터드색 5코, 진회색 4코, 머스터드색 6코)×2회, 진회색 3코

22단   진회색 4코, (진회색 2코, 머스터드색 3코, 진회색 5코, 머스터드색 4코, 진회색 4코, 머스터드색 1코, 어두운 빨간색 3코, 머스터드색 2코, 진회색 4코, 머스터드색 3코,

23단 어두운 빨간색 1코, 머스터드색 3코, 진회색 5코)×2회, 진회색 2코

진회색 2코, (진회색 5코, 머스터드색 2코, 진회색 10코, 머스터드색 1코, 어두운 빨간색 3코, 머스터드색 1코, 진회색 6코, 머스터드색 2코, 진회색 10코)×2회, 진회색 4코

24단 진회색 4코, (진회색 18코, 머스터드색 2코, 어두운 빨간색 3코, 진회색 17코)×2회, 진회색 2코

25단 진회색 2코, (진회색 18코, 머스터드색 3코, 진회색 19코)×2회, 진회색 4코

26단 진회색 4코, (진회색 28코, 머스터드색 2코, 진회색 10코)×2회, 진회색 2코

27단 진회색 2코, (진회색 9코, 머스터드색 4코, 진회색 27코)×2회, 진회색 4코

28단 진회색 4코, (진회색 1코, 머스터드색 3코, 진회색 23코, 머스터드색 1코, 어두운 빨간색 2코, 머스터드색 1코, 진회색 9코)×2회, 진회색 2코

29단 진회색 2코, (진회색 8코, 머스터드색 3코, 어두운 빨간색 2코, 머스터드색 1코, 진회색 10코, 머스터드색 4코, 진회색 7코, 머스터드색 4코, 진회색 1코)×2회, 진회색 4코

30단 진회색 4코, (머스터드색 6코, 진회색 4코, 머스터드색 3코, 어두운 빨간색 2코, 머스터드색 3코, 진회색 9코, 머스터드색 4코, 진회색 9코)×2회, 진회색 2코

31단 진회색 2코, (진회색 21코, 머스터드색 3코, 어두운 빨간색 3코, 머스터드색 2코, 진회색 5코, 머스터드색 2코, 어두운 빨간색 2코, 머스터드색 1코, 진회색 1코)×2회, 진회색 4코

32단 진회색 4코, (진회색 1코, 어두운 빨간색 4코, 머스터드색 2코, 진회색 4코, 머스터드색 3코, 어두운 빨간색 3코, 머스터드색 2코, 진회색 16코, 머스터드색 2코, 진회색 3코)×2회, 진회색 2코

33단 진회색 2코, (진회색 3코, 머스터드색 3코, 진회색 7코, 머스터드색 2코, 어두운 빨간색 1코, 머스터드색 2코, 진회색 4코, 머스터드색 1코, 어두운 빨간색 1코, 머스터드색 4코, 진회색 5코, 머스터드색 2코, 어두운 빨간색 2코, 머스터드색 2코, 진회색 1코)×2회, 진회색 4코

34단 진회색 4코, (진회색 1코, 머스터드색 5코, 진회색 7코, 머스터드색 4코, 진회색 5코, 머스터드색 2코, 어두운 빨간색 1코, 머스터드색 3코, 진회색 5코, 머스터드색 5코, 진회색 2코)×2회, 진회색 2코

35단 진회색 2코, (진회색 2코, 머스터드색 1코, 어두운 빨간색 3코, 머스터드색 1코, 진회색 5코, 머스터드색 2코, 어두운 빨간색 3코, 머스터드색 2코, 진회색 15코, 머스터드색 4코, 진회색 2코)×2회, 진회색 4코

36단 진회색 4코, (진회색 3코, 머스터드색 2코, 진회색 16코, 머스터드색 2코, 어두운 빨간색 2코, 머스터드색 3코, 진회색 5코, 어두운 빨간색 4코, 머스터드색 1코, 진회색 2코)×2회, 진회색 2코

37단 진회색 2코, (진회색 1코, 머스터드색 2코, 어두운 빨간색 4코, 진회색 7코, 머스터드색 2코, 어두운 빨간색 2코, 진회색 22코)×2회, 진회색 4코

38단 진회색 4코, (진회색 11코, 머스터드색 3코, 진회색 9코, 머스터드색 3코, 진회색 7코, 머스터드색 6코, 진회색 1코)×2회, 진회색 2코

39단 진회색 2코, (머스터드색 7코, 진회색 8코, 머스터드색 1코, 진회색 9코, 머스터드색 5코, 진회색 10코)×2회, 진회색 4코

40단 진회색 4코, (진회색 9코, 머스터드색 3코, 어두운 빨간색 1코, 머스터드색 2코, 진회색 19코, 머스터드색 3코, 진회색 1코, 머스터드색 2코)×2회, 진회색 2코

41단 진회색 2코, (진회색 25코, 머스터드색 1코, 어두운 빨간색 3코, 머스터드색 2코, 진회색 9코)×2회, 진회색 4코

42단 진회색 4코, (진회색 9코, 머스터드색 2코, 어두운 빨간색 2코, 머스터드색 2코, 진회색 7코, 머스터드색 2코, 진회색 16코)×2회, 진회색 2코

43단 진회색 2코, (진회색 16코, 머스터드색 4코, 진회색 5코, 머스터드색 2코, 어두운 빨간색 2코, 머스터드색 1코, 진회색 10코)×2회, 진회색 4코

44단 진회색 4코, (진회색 2코, 머스터드색 2코, 진회색 6코, 머스터드색 1코, 어두운 빨간색 2코, 머스터드색 1코, 진회색 5코, 머스터드색 2코, 어두운 빨간색 2코, 머스터드색 2코, 진회색 7코, 머스터드색 3코, 진회색 5코)×2회, 진회색 2코

45단 진회색 2코, (진회색 3코, 머스터드색 3코, 어두운 빨간색 1코, 머스터드색 2코, 진회색 5코, 머스터드색 3코, 어두운 빨간색 3코, 머스터드색 1코, 진회색 14코, 머스터드색 4코, 진회색 1코)×2회, 진회색 4코

46단 진회색 4코, (진회색 1코, 어두운 빨간색 1코, 머스터드색 4코, 진회색 14코, 머스터드색 1코, 어두운 빨간색 3코, 머스터드색 3코, 진회색 4코, 어두운 빨간색 4코, 머스터드색 2코, 진회색 3코)×2회, 진회색 2코

47단	진회색 2코, (진회색 3코, 머스터드색 1코, 어두운 빨간색 4코, 머스터드색 1코, 진회색 4코, 머스터드색 2코, 어두운 빨간색 4코, 머스터드색 2코, 진회색 13코, 머스터드색 2코, 어두운 빨간색 3코, 진회색 1코)×2회, 진회색 4코
48단	진회색 4코, (진회색 1코, 어두운 빨간색 4코, 머스터드색 1코, 진회색 5코, 머스터드색 2코, 진회색 5코, 머스터드색 4코, 어두운 빨간색 3코, 머스터드색 2코, 진회색 4코, 머스터드색 3코, 어두운 빨간색 2코, 머스터드색 1코, 진회색 3코)×2회, 진회색 2코
49단	진회색 2코, (진회색 3코, 머스터드색 6코, 진회색 5코, 머스터드색 3코, 어두운 빨간색 1코, 머스터드색 3코, 진회색 3코, 머스터드색 6코, 진회색 4코, 머스터드색 5코, 진회색 1코)×2회, 진회색 4코
50단	진회색 4코, (진회색 2코, 머스터드색 4코, 진회색 4코, 머스터드색 1코, 어두운 빨간색 3코, 머스터드색 2코, 진회색 8코, 머스터드색 2코, 진회색 8코, 머스터드색 3코, 진회색 3코)×2회, 진회색 2코
51단	진회색 2코, (진회색 25코, 머스터드색 1코, 어두운 빨간색 3코, 머스터드색 1코, 진회색 6코, 머스터드색 2코, 진회색 2코)×2회, 진회색 4코
52단	진회색 4코, (진회색 10코, 머스터드색 2코, 어두운 빨간색 3코, 진회색 25코)×2회, 진회색 2코
53단	진회색 2코, (진회색 20코, 머스터드색 2코, 진회색 4코, 머스터드색 3코, 진회색 11코)×2회, 진회색 4코
54단	진회색 4코, (진회색 17코, 머스터드색 4코, 진회색 19코)×2회, 진회색 2코
55단	진회색 2코, (진회색 6코, 머스터드색 3코, 진회색 10코, 머스터드색 1코, 어두운 빨간색 2코, 머스터드색 1코, 진회색 17코)×2회, 진회색 4코
56단	진회색 4코, (진회색 4코, 머스터드색 4코, 진회색 8코, 머스터드색 1코, 어두운 빨간색 2코, 머스터드색 3코, 진회색 9코, 머스터드색 4코, 진회색 5코)×2회, 진회색 2코
57단	진회색 2코, (진회색 4코, 머스터드색 6코, 진회색 9코, 머스터드색 4코, 진회색 7코, 머스터드색 3코, 어두운 빨간색 2코, 머스터드색 3코, 진회색 2코)×2회, 진회색 4코
58~61단	겉뜨기로 4단을 뜬다.

덮어씌워 코막음 한다.

같은 방법으로 1장을 더 뜬다.

떠 놓은 2장을 스팀다리미로 다림질을 해 준 후, 도안을 참고로 2장의 안쪽끼리 맞대고 아래쪽은 반 코씩을 잡아 감침질로 꿰매어 연결하고, 옆선은 메리야스 잇기로 연결한다.

안감과 지퍼를 달아주어 마무리한다.

▶이랑뜨기로
배색하기(코바늘)

▶대바늘 배색하기

KNITTING CHART

코바늘 클러치 뜨기

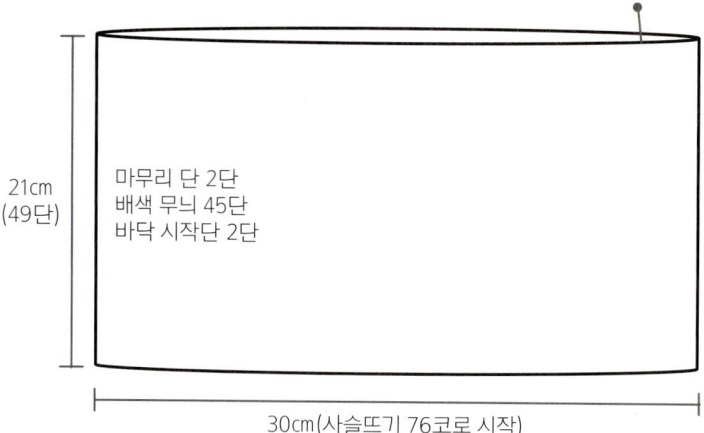

++++++++
++++++++

마무리 단은 어두운 핑크색으로
짧은뜨기 이랑뜨기 1단,
짧은뜨기 1단을 뜬 후 마무리한다.

21cm
(49단)

마무리 단 2단
배색 무늬 45단
바닥 시작단 2단

30cm(사슬뜨기 76코로 시작)

바닥 뜨기

사슬뜨기
76코로 시작

0	사슬뜨기	+	짧은뜨기	±	짧은뜨기 이랑뜨기	⩔	짧은뜨기 이랑뜨기 2코 늘려뜨기

178

대바늘 클러치 뜨기

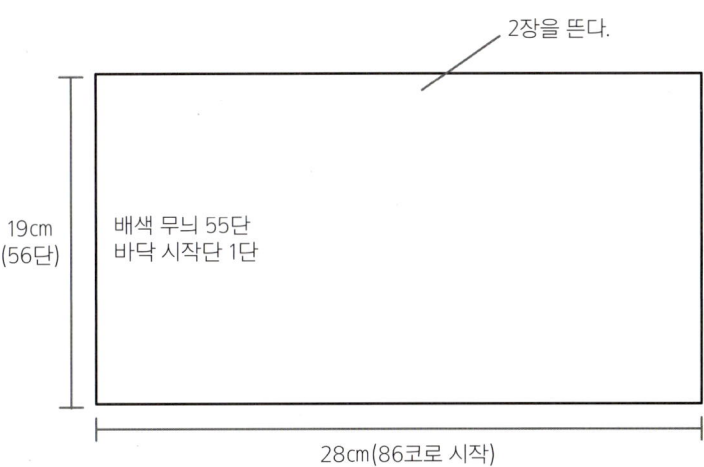

2장을 뜬다.

19cm
(56단)

배색 무늬 55단
바닥 시작단 1단

28cm(86코로 시작)

마무리하기

옆선을 돗바늘로
꿰매어 연결한다.

앞뒤를 맞대고 반 코씩
감침질로 꿰매어 연결한다.

□ = 十

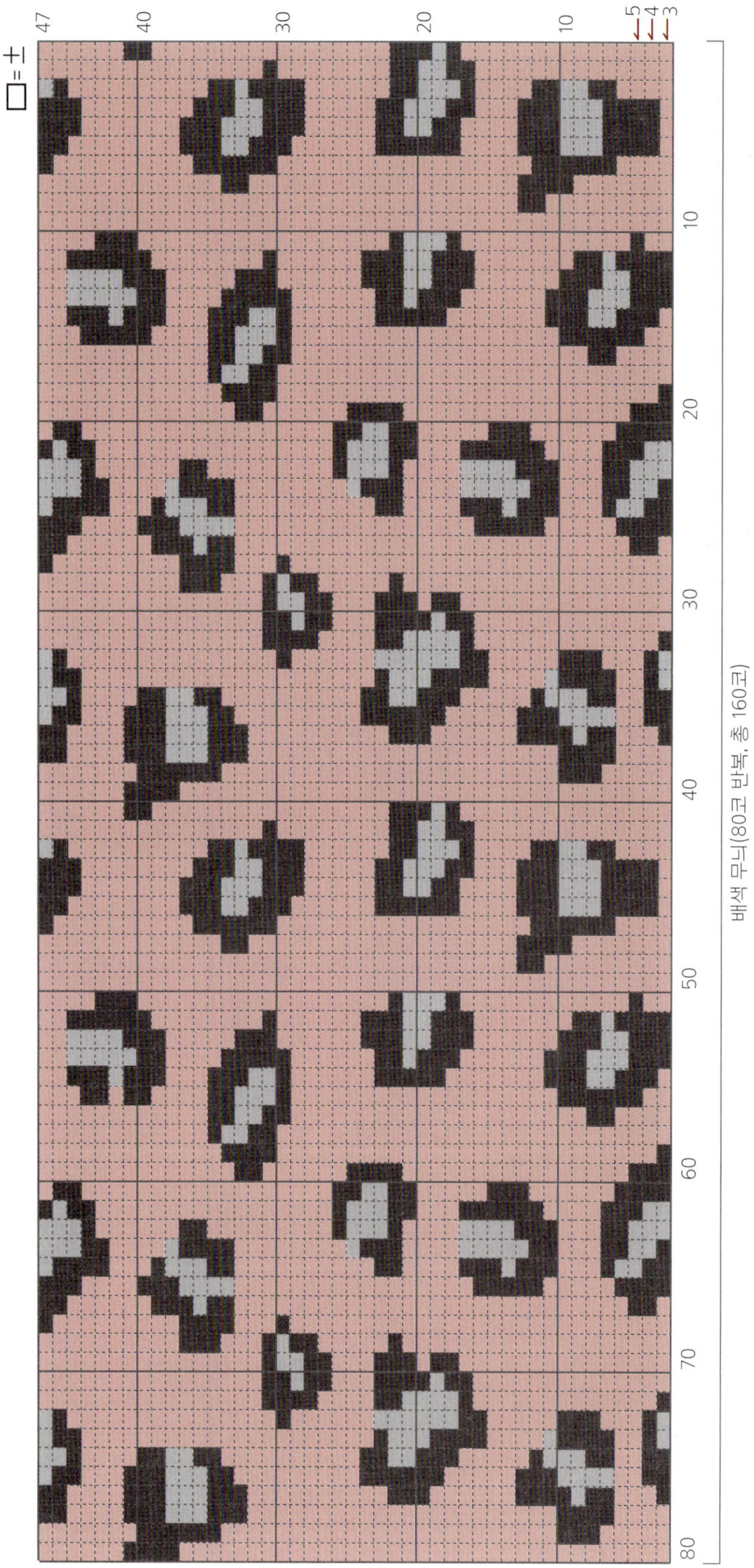

배색 무늬(80코 반복, 총 160코)

혹갈색 배색(혹파로)

47 40 30 20 10 5 4 3

10 20 30 40 50 60 70 80

갈은 도안을 활용한 여름용 · 겨울용 가방

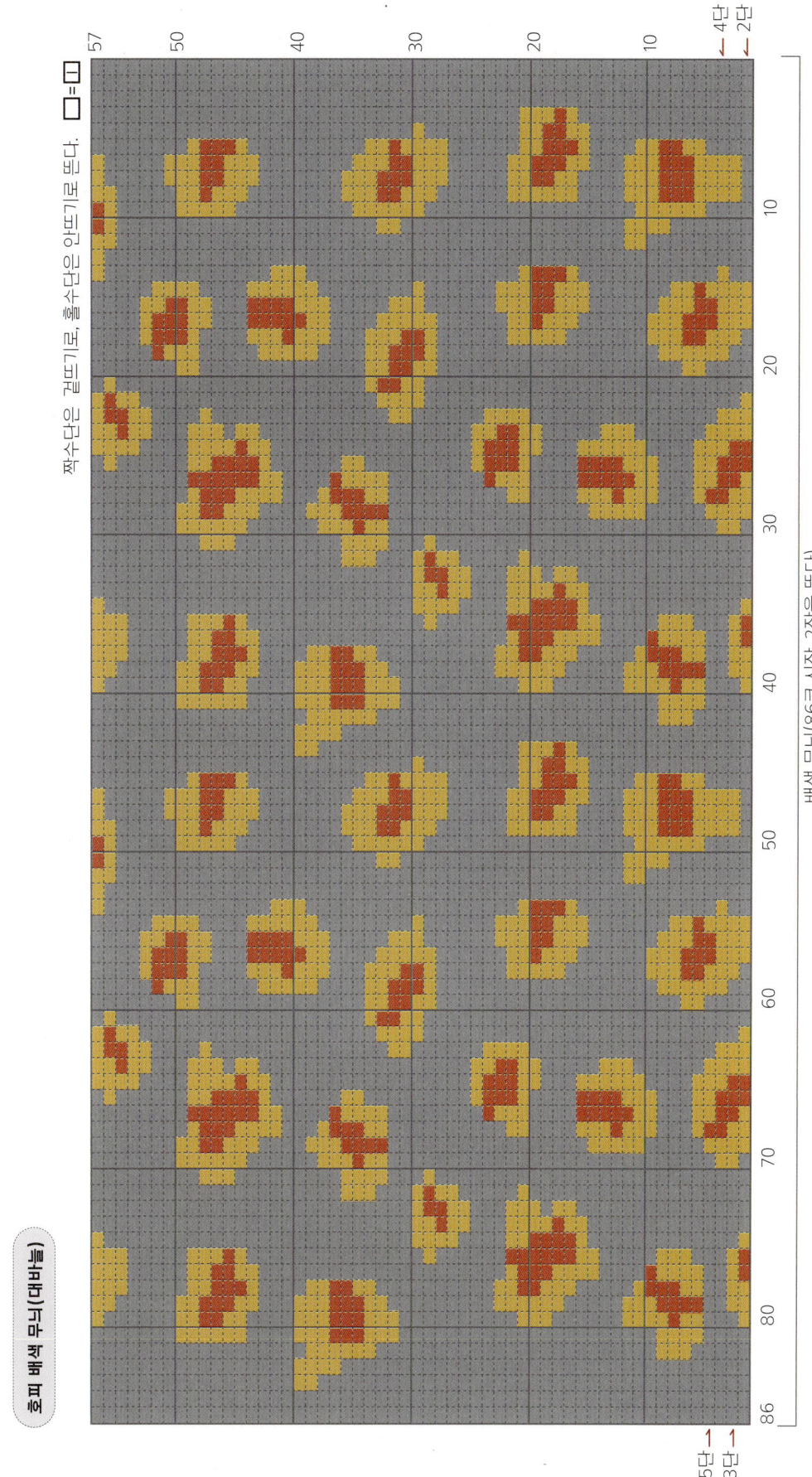

홀치 배색 무늬 (대바늘)

홀치무늬 클러치

Forward Step

실과 바늘,
그 선택에 대하여

떼려야 뗄 수 없는 밀접한 관계로 많이 비유되는 실과 바늘! 코바늘로 소품이나 가방을 만들 때 어떤 두께의 실과 어떤 호수(굵기)의 바늘로 뜨개질을 해야 할까? 보통은 공방이나 실 전문 업체에서 추천하는 대로 따르지만 따로 도전해 보고 싶은 아이템이 생겼을 때는 의욕에 불타 실과 바늘을 각자 취향대로 사고야 만다. 심지어 열혈 니터들은 해외 직구에 도전하기도 한다. 이럴 때 큰 실수 없이 구매하기 위해 알면 도움 되는 관련 정보를 정리해본다. 　글·편집부

공방이나 마트의 뜨개 코너에서 색상과 뜨개감이 좋을 것 같아서 실을 덥석 샀는데 몇 호 바늘로 어떻게 무엇을 떠야 하지? 대책 없는 막막함을 느낄 때가 있다.

실을 구매하면 라벨에서 가장 눈에 띄는 것이 실의 이름, 색상의 정확한 구분을 위한 로트 번호(Lot Number), 실의 성분, 실의 전체 그램 수(g) 또는 길이(미터(m)로 표시)와 게이지, 세탁법 표시 등이다.

여기서는 기본적으로 어떤 실을 어떤 용도로, 어떤 크기의 바늘로 구매하면 적당한지 뜨개 인구 5,300만이라는 미국의 뜨개질 표준을 제시하는 크래프트사 위원회(CYC, Craft Yarn Council)의 실 표준 사이트(yarnstandard.com)의 자료를 참고하여 소개한다.

얀 웨이트 차트로
실과 바늘 구분하기

❶ 실의 무게(두께) '얀 웨이트'
vs. 실 꼬임 가닥(합) '플라이'

'얀 웨이트(yarn weight)'는 직역하면 '실 무게'이지만 육안으로 빠르게 식별이 가능한 실 한 가닥의 두께를 떠올리면 더 이해하기 쉬울 것이다. 또한 '플라이(ply)'라는 단위도 있다. '플라이(ply)'는 실이 몇 가닥으로 꼬여 있는지를 의미하는 표현으로 2ply는 2합, 4ply는 4합으로 통용된다. 얀 웨이트는 미국(US), 플라이(ply)는 영국(UK), 호주(AU), 뉴질랜드(NZ)에서 많이 통용되는 단위이니 모두 알아두자.

얀 웨이트 구분 기호	0	1
얀 웨이트 종류 이름	0 레이스 Lace	1 수퍼 파인 Super Fine
실의 굵기 비교		
얀 웨이트 구분 속 실의 종류	바느질 실 또는 핑거링 10수(Fingering 10-count) 코바늘 실 콥웹(US); 1ply(UK/AU/NZ) 라이트 핑거링(US); 3ply(UK/AU/NZ)	핑거링(US); 4ply(UK/AU/NZ) 베이비(Baby)
일반적인 용도	레이스 뜨개	가벼운 액세서리, 양말
단일 코바늘 뜨개질에서 4인치까지의 코바늘 게이지	32~42 더블 크로셰	21~32코(sts)
미터법 크기의 권장 코바늘	스틸 코바늘 1.6~1.4mm 레귤러 후크 2.25mm	2.25~3.5mm
WPI (Wraps Per Inch)	21wpi 또는 그 이상	18~20wpi
4인치 메리야스뜨기 (Stokinette)에서의 게이지 범위	3.3~4.0코(sts)	27~32코
미터법 크기의 권장 대바늘	1.5~2.25mm	2.25~3.25mm

184

2	3	4	5	6	7
2 파인 Fine	3 라이트 Light	4 미디엄 Medium	5 벌키 Bulky	6 수퍼 벌키 Super Bulky	7 점보 Jumbo
스포트(Sport) 베이비(Baby)	더블 니트(DK,Double Knitt)(US/UK); 8ply(AU/NZ) 라이트 워스티드 (Light Worsted)	워스티드(Worsted) (US), 아란(Aran) (UK); 10ply(AU/NZ) 아프간(Afghan)	벌키(Bulky)(US); 청키(Chunky)(UK); 12ply(AU/NZ) 크래프트(Craft), 러그(Rug)	수퍼벌키(Super Bulky)(US), 수퍼청크 (Super chunk)(US) 로빙(Roving)	로빙(Roving), 수퍼벌키보다 큰 것들 모두 점보(Jumbo)
가벼운 스웨터, 아기 옷, 액세서리	스웨터, 가벼운 스카프	스웨터, 담요, 모자, 장갑	러그, 재킷, 담요	무거운 담요, 러그, 스웨터	무거운 담요, 러그

코바늘(Crochet) 게이지

16~20코	12~17코	11~14코	8~11코	7~9코	6코와 그 이하
3.5~4.5mm	4.5~5.5mm	5.5~6.5mm	6.5~9mm	9~15mm	15mm와 그 이상
15~17wpi	12~14wpi	10~11wpi	8~9wpi	7~8wpi	6wpi 또는 그 이하

대바늘(Knitting) 게이지

23~26코	21~24코	4.5~5.5mm 대바늘 상에서 4인치/10cm 당 16~20코	5.5~8mm 대바늘 상에서 4인치/10cm당 12~15코	8~12.75mm 대바늘 상에서 4인치/10cm당 7~11코	12.75mm와 더 큰 대바늘 상에서 4인치/10cm당 6코
3.25~3.75mm	3.75~4.5mm	4.5~5.5mm	5.5~8mm	8~12.25mm	12.75mm와 그 이상

▲ 출처 craftyarncouncil.com, knittingauthority.com, michiganfineyarns.com, crochetpedia.com

실과 바늘, 그 선택에 대하여

❷ 실 라벨에 표기된 무게 또는 길이를 확인하자

온라인, 카탈로그 또는 상점에서 원사를 구매할 때 제품 설명이나 원사 라벨에서 무게나 미터법에 의한 길이를 확인한다(대부분의 원사 회사는 표준 원사 무게 기호를 사용한다). CYC의 얀 웨이트 구분에 따른 뜨개 용도를 좀더 자세히 알아보자.

◇ 웨이트 0 - 레이스(Lace)

가장 얇은 두께로 레이스, 도일리(doily) 뜨개에 사용한다.

◇ 웨이트 1 - 수퍼 파인(Super Fine), 핑거링(fingering)

초극세사로 가벼워 일반적으로 레이스, 아기 옷, 양말, 숄 등을 만들 때 주로 사용한다. 이 유형의 원사는 섬세한 조각을 만드는 데 가장 적합하여 레이스 만드는 데 사용된다.

◇ 웨이트 2 - 파인(Fine), 스포츠(sport)

아기 옷, 양말, 랩, 가보 스웨터 및 섬세한 액세서리 같은 품목에 가장 적합하다. 가벼운 아프간 뜨기에도 적합하다.

◇ 웨이트 3 - 라이트(Light), 더블 니트(DK), 라이트 워스티드(light Worsted)

가느다란 실보다 약간 무겁다. 이 무게는 의류 및 무거운 아기 용품과 같은 품목에 사용된다.

◇ 웨이트 4 - 미디엄(Medium), 워스티드(Worsted), 아란(Aran), 아프간(Afghan)

대다수의 도안이 이 두께의 실을 사용한다. 초보자도 쉽게 도전할 수 있고 익숙해지면 좋은 실이다. 아프간 뜨기에도 이상적이다.

◇ 웨이트 5 - 벌키(Bulky), 청키(Chunky), 크래프트(Craft), 러그(Rug)

묵직하고 부피가 큰 아이템을 만들고 싶을 때 주로 사용하는 실이다. 실의 두께가 두꺼워 작업을 빨리 진행할 수 있다. 스웨터, 스카프, 러그 등을 만들 때 사용하는 것이 좋다.

◇ 웨이트 6 - 수퍼 벌키(Super bulky), 로빙(Roving)

빠른 작업이 가능한 원사로 두툼한 편물을 만들 수 있어 러그(Rugs), 스카프, 모자 등 따뜻한 소품을 만들 때 좋다.

◇ 웨이트 7 - 점보(Jumbo), 로빙(Roving)

점보 얀(Jumbo Yarn)은 2014년에 추가된 가장 두꺼운 원사로 암 니팅(Arm Knitting, 팔로 하는 뜨개)에 적합하다. 로빙사는 최소한의 꼬임으로 작업할 수 있을 정도의 강도로 만든 실로 뜨개보다는 주로 위빙(Weaving, 직기)에 많이 사용된다.

인치당 랩, WPI 측정하는 법

실을 사두었는데 라벨을 분실하면 몇 호 바늘로 뜨개를 해야 할지 난감할 때가 있다. 이때 실 표준 WPI가 도움이 될 수 있다.

WPI(Wraps Per Inch)는 일반적으로 직조 업체에서 사용하지만 라벨이 없는 경우 모든 원사 사용자가 원사의 무게를 식별하는 데 도움이 된다. 인치당 랩(WPI)으로 실을 측정하려면 눈금자와 일관된 원주를 가진 연필이 필요하다.

우선 실을 연필 주위에 몇 인치 정도 감싼다. 실은 꼭 맞아야 하며 랩은 겹쳐지거나 가닥 사이에 큰 간격 없이 나란히 놓여야 한다. 치수가 왜곡되지 않도록 실을 너무 세게 당기지 않는다. 장력이 확실하지 않으면 무게를 알고 있는 실로 연습한다.

실을 감싼 뒤 눈금자를 사용하여 1인치에 몇 번 감싸졌는지 측정한다. 게이지 견본처럼 몇 군데를 측정한다. 제공된 차트를 사용하여 WPI 번호를 무게 범주와 비교하여 실의 무게와 표준 크기 게이지에 도달하는 데 사용할 후크 또는 바늘을 결정한다. WPI는 주관적이며 실이 얼마나 단단하게 감싸졌는지에 따라 결과가 달라질 수 있다. 프로젝트를 시작하기 전에 항상 게이지 견본을 작성한다.

CYC	얀 웨이트	WPI
0	레이스(Lace)	30~40+
1	수퍼 파인(Super Fine)	14~30
2	파인(Fine)	12~18
3	라이트(Light)	11~15
4	미디엄(Medium)	9~12
5	벌키(Bulky)	6~9
6	수퍼 벌키(Super Bulky)	5~6
7	점보(Jumbo)	1~4

▲ 이 표는 업계 전문가가 공유한 정보와 두 WPI 목록(woolery.com, www.ravelry.com)을 기반으로 한다. (출처_ https://www.craftyarncouncil.com/standards/how-measure-wraps-inch-wpi)

세탁 및 다림질 등 관리 기호

뜨개 용품이나 소품을 제작했는데 세탁이나 관리를 못하면 세상에서 하나뿐인 내 소품을 만들 의욕마저 사그라들 수 있다. 머플러를 떴는데 세탁기에 돌리고 나니 넥타이가 됐다면? 직접 뜬 가방을 손빨래로 조심조심 세탁했는데도 색이 변하거나 크기의 변형이 왔다면? 소중한 뜨개 소품들을 잘 관리할 수 있도록 관리 기호를 알아두자.

❶ 세탁 기호

Machine Wash Cold
찬물로 기계세탁

Machine Wash Warm
따뜻한 물로 기계세탁

Machine Wash Hot
뜨거운 물로 기계세탁

Hand Wash
손세탁

Do Not Wash
세탁 불가

❷ 표백 기호

Bleach When Needed
표백 세탁 가능

Non-Chlorine Bleach When Needed
비염소계 표백제로 세탁 가능

Do Not Bleach
표백 불가

❸ 건조 기호

Tumble Dry Low
송풍으로 건조기 사용

Tumble Dry Medium
중풍으로 건조기 사용

Tumble Dry High
강풍으로 건조기 사용

Do Not Wash
세탁 불가

❹ 다림질 기호

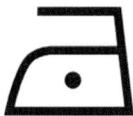
Cool Iron
저온으로 다림질

Warm Iron
중온으로 다림질

Hot Iron
고온으로 다림질

Do Not Iron
다림질 불가

❺ 전문 편물 관리/드라이 클리닝 기호

Any Solvent
모든 용제 가능

Any Solvent Except Trichloroethylene
트리클로로에틸렌 제외한 모든 용제 가능

Petroleum Solvent Only
페트롤리움 용제만 가능

Do Not Dryclean
드라이클리닝 불가

Simplify your knitting with CarryC

Designed by Sarah Solomon – Into the Wool

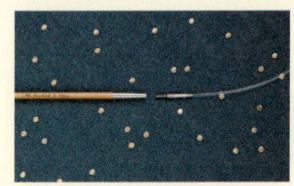

knit channel

RICO yarn 직수입 | LANG yarn 판매점

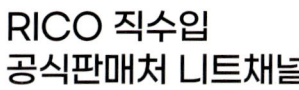

Foreign Copyright:
Joonwon Lee
Address: 3F, 127, Yanghwa-ro, Mapo-gu, Seoul, Republic of Korea
　　　　 3rd Floor
Telephone: 82-2-3142-4151
E-mail: jwlee@cyber.co.kr

세상에 하나뿐인
나만의 손뜨개 가방과 소품

2021. 5. 20. 1판 1쇄 인쇄
2021. 5. 27. 1판 1쇄 발행

저자와의
협의하에
검인생략

지은이 | 정영경(코코릴리)
펴낸이 | 이종춘
펴낸곳 | BM (주)도서출판 성안당

주소 | 04032 서울시 마포구 양화로 127 첨단빌딩 3층(출판기획 R&D 센터)
　　　 10881 경기도 파주시 문발로 112 파주 출판 문화도시(제작 및 물류)
전화 | 02) 3142-0036
　　　 031) 950-6300
팩스 | 031) 955-0510
등록 | 1973. 2. 1. 제406-2005-000046호
출판사 홈페이지 | **www.cyber.co.kr**
ISBN | 978-89-315-5742-8 (13630)
정가 | 20,000원

이 책을 만든 사람들
책임 | 최옥현
기획·편집 | 조혜란, 김해영
교정·교열 | 김하영
작품 도움 | 고은아
본문·표지 디자인 | 글자와 기록사이
홍보 | 김계향, 유미나, 서세원
국제부 | 이선민, 조혜란, 김혜숙
마케팅 | 구본철, 차정욱, 나진호, 이동후, 강호묵
마케팅 지원 | 장상범, 박지연
제작 | 김유석

■ 도서 A/S 안내

성안당에서 발행하는 모든 도서는 저자와 출판사, 그리고 독자가 함께 만들어 나갑니다.
좋은 책을 펴내기 위해 많은 노력을 기울이고 있습니다. 혹시라도 내용상의 오류나 오탈자 등이 발견되면 **"좋은 책은 나라의 보배"**로서 우리 모두가 함께 만들어 간다는 마음으로 연락주시기 바랍니다. 수정 보완하여 더 나은 책이 되도록 최선을 다하겠습니다.
성안당은 늘 독자 여러분들의 소중한 의견을 기다리고 있습니다. 좋은 의견을 보내주시는 분께는 성안당 쇼핑몰의 포인트(3,000포인트)를 적립해 드립니다.

잘못 만들어진 책이나 부록 등이 파손된 경우에는 교환해 드립니다.

레인보우 밍크 봉다리백

난이도 ★☆☆

◇ **크기** 가방 바닥 17.5cm, 세로 길이 24cm, 끈 길이 33cm
◇ **준비물** 모사용 코바늘 6/0호·8/0호, 돗바늘, O링, 장식용 리본, 인조 퍼 방울
◇ **사용한 실** 레인보우 밍크 125g, 로미오 진보라색(57번) 100g

HOW TO MAKE

가방 바닥을 사용하여 밑면을 만들어 주고
몸판을 떠 올라가는 방식의 가방입니다.

❶ 가방 바닥·몸통 뜨기

모사용 코바늘 6/0호를 사용하여 레인보우 밍크 1겹, 로미오실 1겹을 합사하여 2겹으로

1단	가방 바닥판(2겹)에 기둥코 1코를 뜨고 짧은뜨기로 1단을 뜬 후 빼뜨기로 연결한다.

8/0호 코바늘로 바꾸어

2단	기둥코 3코를 뜨고, (한길긴뜨기, 한길긴뜨기 2코 늘려뜨기)×26회, 빼뜨기로 연결한다. (총 78코)
3단~11단	기둥코 3코를 뜨고 한길긴뜨기 77코, 빼뜨기로 연결한다.
12단	기둥코 3코를 뜨고 한길긴뜨기 2코 모아뜨기, (한길긴뜨기, 한길긴뜨기 2코 모아뜨기)×25회, 빼뜨기로 연결한다. (총 52코)

실을 잘라낸다.

로미오실 2겹으로 처음 시작 부분에 실을 걸어

13단	기둥코 1코를 뜨고, 짧은뜨기로 52코를 뜬 후 빼뜨기로 연결한다.
14~15단	13단을 2회 뜬다.

❷ 가방 여밈 뜨기

16단	기둥코 1코를 뜨고, 짧은뜨기로 5코를 뜬 후 사슬뜨기로 13코, 빼뜨기로 연결한다.
17단~18단	기둥코 1코를 뜨고, 짧은뜨기로 18코를 뜬 후 빼뜨기로 연결한다.

❸ 가방 끈 뜨기

도안을 참고하여 레인보우 밍크실과 로미오실을 합사하여 2겹으로 한길긴뜨기 16단을 뜬다. 반대편 표기된 부분에 빼뜨기로 연결한다.
(그림 참고)

가방 바닥·몸통 뜨기

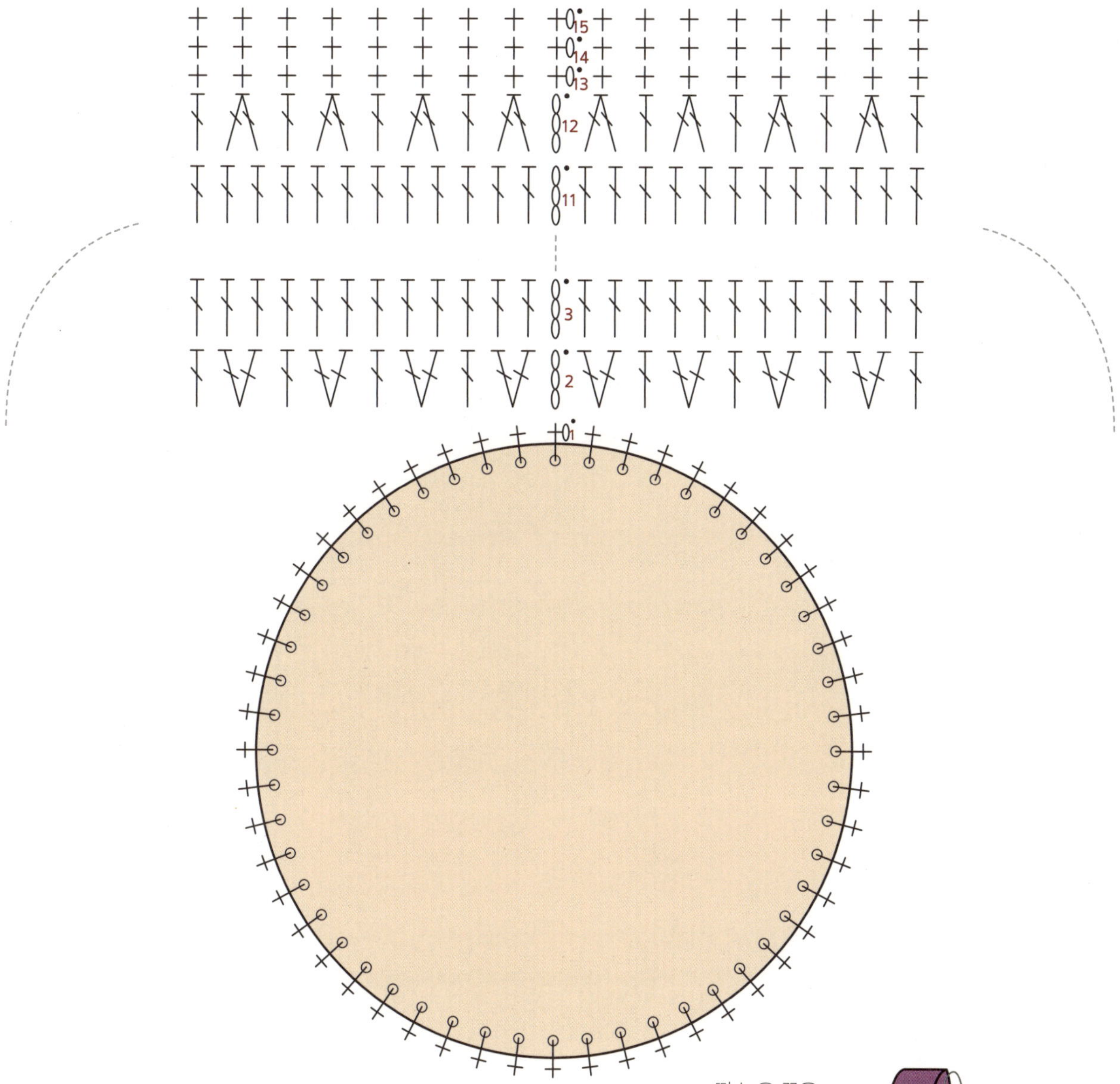

가방 여밈·끈 뜨기

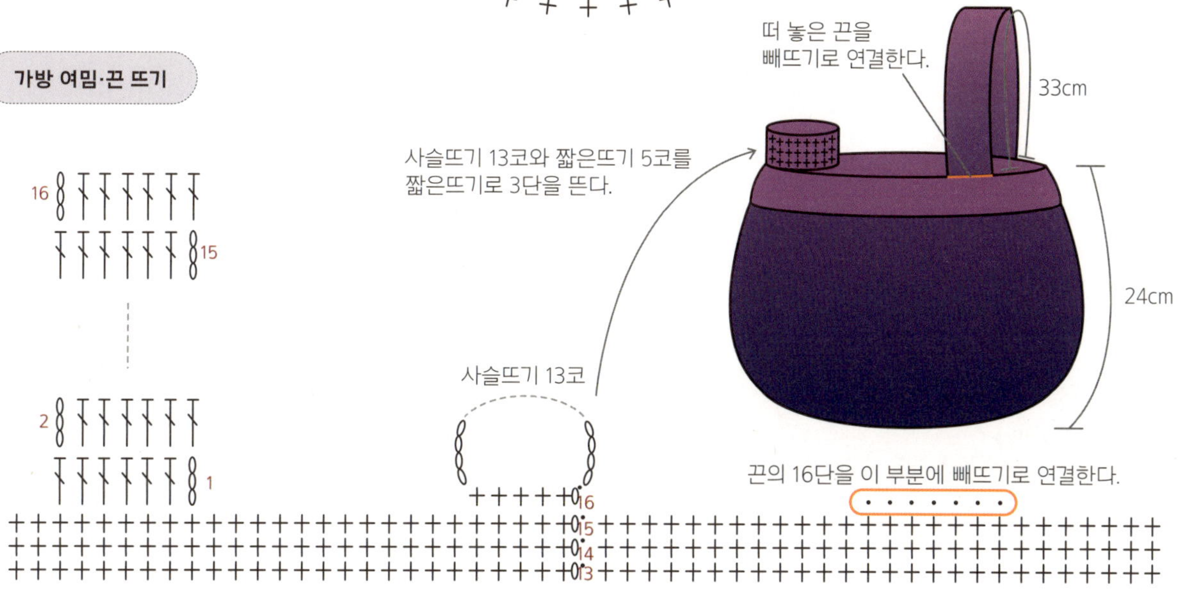

떠 놓은 끈을
빼뜨기로 연결한다.

33cm

사슬뜨기 13코와 짧은뜨기 5코를
짧은뜨기로 3단을 뜬다.

사슬뜨기 13코

24cm

끈의 16단을 이 부분에 빼뜨기로 연결한다.

• 빼뜨기	O 사슬뜨기	+ 짧은뜨기	T 한길긴뜨기	V 한길긴뜨기 2코 늘려뜨기	A 한길긴뜨기 2코 모아뜨기